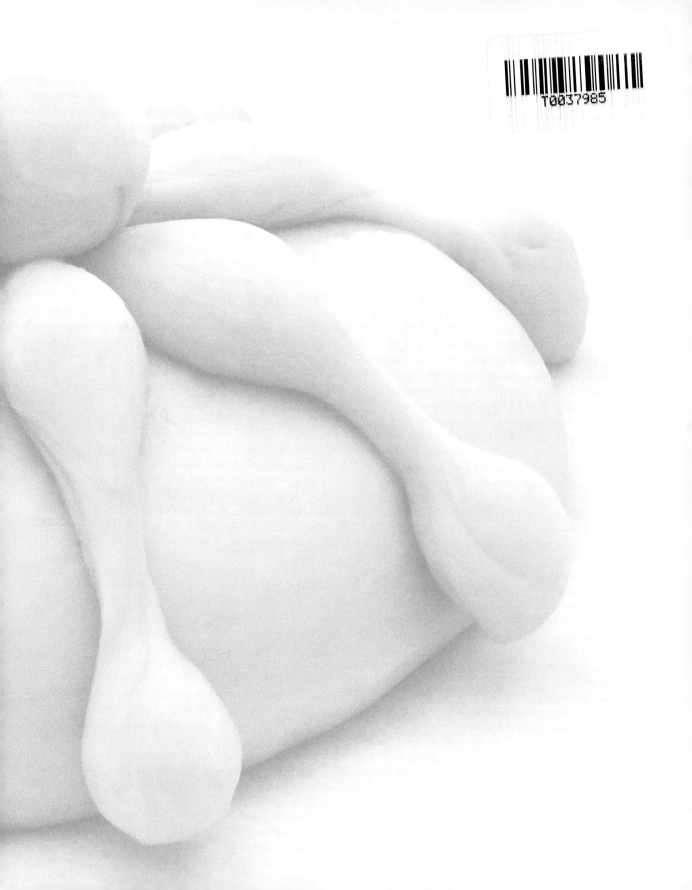

LAROUSSE
PANES
MEXICANOS

LAROUSSE
PANES
MEXICANOS

IRVING QUIROZ

En Hachette Livre México usamos
materias primas de procedencia
100% sustentable

Dirección editorial

Tomás García Cerezo

Coordinación editorial

Verónica Rico Mar

Coordinación de contenidos

Gustavo Romero Ramírez

Asistencia editorial

Montserrat Estremo Paredes
y Mayra Pérez Cuautle

Fotografía

Alex Vera Fotogastronómica®

Estilismo de alimentos

Irving Quiroz Quintana

Diseño y formación

Visión Tipográfica Editores, S.A. de C.V. /
Rossana Treviño

Corrección

María Evelín Ferrer Rivera

Diseño de portada

Ediciones Larousse S.A. de C.V., con la
colaboración de Nice Montaño Kunze

Fotografía complementaria

Shutterstock.com

c/s significa Cantidad suficiente

©2014 Ediciones Larousse, S.A. de C.V.
©2019 Ediciones Larousse, S.A. de C.V.
Segunda edición - Cuarta reimpresión
Renacimiento 180, Colonia San Juan Tlihuaca, Delegación Azcapotzalco, C.P. 02400, Ciudad de México.

ISBN 978-607-21-2165-2

www.larousse.com.mx

Todos los utensilios para la elaboración de los panes puede adquirirlos en www.chocosolutions.com

Presentación

La panadería tradicional mexicana tiene una larga historia y un presente muy vasto. Es el resultado de la mezcla de tradición, ingenio y adaptación de manos artesanas, gracias a las cuales hoy podemos degustar una gran variedad de panes dulces y salados, con formas y sabores tan diversos que resulta imposible contabilizarlos.

Las raíces de la panadería en México se remontan a la llegada de los españoles a América, quienes aportaron la técnica y el ingrediente fundamental para su desarrollo: el trigo. A partir de las fórmulas y formas básicas de panes españoles, pronto los novohispanos se apropiaron de éstas y les otorgaron su sello distintivo, ya fuera en los ingredientes, en las técnicas, en los utensilios de elaboración o en las formas; para ello, se valieron de su virtuosismo artesanal y herencia cultural prehispánica, con los cuales desarrollaron una panadería mestiza tanto de consumo diario como festivo.

Debido a la importancia que la panadería mexicana tiene actualmente, surge esta obra con el objetivo de condensarla en un libro práctico de recetas. Sin embargo, esto no fue sencillo, se dejaron fuera muchas variedades de panes con tal de mostrar las consideradas más representativas. Éste es el resultado de un esfuerzo conjunto con un experimentado en este oficio, Irving Quiroz, quien aportó su conocimiento práctico en la elaboración del pan, técnicas, trucos y, por supuesto, recetas. Su experiencia se sustenta en una formación gastronómica profesional, pero sobre todo en una transmisión de sabiduría culinaria de dos generaciones que le preceden: su abuelo fue panadero y su padre practicó este oficio por décadas; ésta es una de las formas más comunes y naturales de heredar el patrimonio culinario.

Comprometidos con la difusión del saber culinario en sus diversas áreas, con este libro proponemos hacer visible un fragmento representativo de la panadería tradicional en México, así como presentar una guía que permita reproducirlos en casa. En esta segunda edición hallará más de ochenta recetas de panes clasificados por tipos de masa, con detallados procedimientos de elaboración y fotografías paso a paso que le apoyarán en el proceso. Además, encontrará códigos QR que dirigen a videos con la explicación de la técnica de elaboración de tres tipos de masas. Asimismo, incluimos una sección de bases de la panadería, con información útil sobre las familias de masas, ingredientes, utensilios y técnicas básicas del oficio.

Si considera que el gusto de saborear un buen pan sólo es posible mediante su adquisición en panaderías y establecimientos, olvídese de ello. Aventúrese en buscar y comprar los ingredientes, dedicar tiempo al reposo de las masas, formar los panes y verlos salir del horno recién hechos. Propóngase agasajar a sus seres queridos con estas recetas y disfrute con ellos el placer de comer un pan.

LOS EDITORES

Gracias Tere por todo lo que me enseñaste
y por seguir cuidándome.

Introducción

¿Quién se resiste al sabor de un pan recién horneado? Son muchas las cosas en la vida que dan felicidad; en mi caso, me siento muy afortunado de realizar un trabajo que me apasiona y me da la oportunidad de viajar constantemente con el propósito de enseñar a otros y de aprender de cada experiencia.

El oficio de panadero es la herencia más importante de mis padres. De niño crecí rodeado de harina. A diario me despertaba el aroma de panes recién horneados y aprendí a elaborarlos casi al mismo tiempo que a andar en bicicleta; en ambos casos, si aprendes bien las bases no se te olvidarán jamás. Me enfoqué en obtener una formación profesional; estudié en muchas escuelas, tuve varios profesores y pasé horas horneando y buscando comprender a fondo el universo de la panadería. Posteriormente, tuve la oportunidad de enseñar panadería. Aprendí entonces de muchos jóvenes entusiastas que me cuestionaban acerca del manejo y la selección de ingredientes. Siempre tuve el entusiasmo de mostrarles la "magia" detrás de la transformación de materias primas en panes.

Complementé mi formación en Francia y, aunque ahí nadie me enseñó a elaborar una concha o una campechana, me inculcaron las bases para entender que las técnicas de panadería son universales y que una levadura trabaja igual en un pan francés que en un pan mexicano. Comprendí que la panadería no se trata de aprender recetas sino de entender técnicas y que hay que atreverse a transformar materias primas en verdaderas obras de arte. Uno de mis primeros trabajos me sirvió para entender a fondo la panadería mexicana. Éste consistía en guiar a panaderos que viajaban por todo México, en año y medio aprendí tanto de las recetas de los panaderos y de solución a problemas, como si hubiera cursado una especialidad.

Actualmente la panadería mexicana vive un gran momento. Locales pequeños, con productos de gran calidad, están recuperando los espacios tomados por los supermercados; por otro lado, la gente comienza a interesarse más en la calidad y cada vez hay más vitrinas llenas con creaciones, tanto clásicas como novedosas. Por tanto, en este libro trato de divulgar y perpetuar el trabajo que hay detrás de la panadería mexicana, así como mejorar los conocimientos que se tienen sobre la materia. Busco dar a conocer algunas recetas tradicionales que en ocasiones son guardadas con gran celo por quienes las elaboran, sin duda manos expertas, pero que provocan el olvido de éstas. Algunas de ellas llevan nombres tan coloridos y rimbombantes que pareciera que se están nombrando las tarjetas de la lotería: bigote, borrachito, chorreada, encuerado, gendarme, novia, ojo de buey... situación que sólo puede existir en la panadería mexicana.

Finalmente, pretendo que la gente se adentre en la profesión del panadero y que disfrute del arte que este oficio conlleva. Siempre he pensado que esta profesión tiene que ser reconocida y debemos enaltecer las manos que con el esfuerzo diario transforman ingredientes sencillos en verdaderas obras de arte. Estoy seguro de que ser panadero es un oficio que no sólo llena de satisfacciones, sino que permite dar de comer para toda la vida, además de ser de los pocos trabajos en los que ser mayor es un beneficio, pues indica una mayor experiencia. Literalmente es un trabajo para toda la vida.

Este libro es mucho más que una serie de recetas, es el resultado del trabajo en conjunto de muchas personas que han compartido sus conocimientos con el propósito de perpetuar las tradiciones. Y para todos los que tienen este libro en sus manos, les deseo las mejores horneadas y que se atrevan a preparar estas increíbles recetas con la mejor de las intenciones: compartirlas con mi México.

IRVING QUIROZ QUINTANA

Contenido

Bases de la panadería 10

Masas batidas crecidas 25

Masas hojaldradas 43

Masas fermentadas 63

Masas hojaldradas fermentadas 125

Masas quebradas crujientes 139

Otras masas y mezclas 161

Subrecetas 170

Glosario 174

Índice de recetas 176

Familias de masas

En la panadería mexicana existen cinco familias de masas básicas:

- Masas batidas crecidas
- Masas hojaldradas
- Masas fermentadas
- Masas hojaldradas fermentadas
- Masas quebradas crujientes

Cada pan puede ser categorizado dentro de alguna de estas familias, aunque también puede ser el resultado de una mezcla de dos o varias masas.

Al momento de elaborar y trabajar masas para pan es muy importante respetar las técnicas y los métodos, así como el orden de los procedimientos para poder obtener el mejor resultado. La frase "el orden de los factores no altera el producto" es completamente falsa tanto en la panadería como en la repostería.

Masas batidas crecidas

Características

Este tipo de masas se obtienen al mezclar cierta cantidad de ingredientes mediante un batido, ya sea con un batidor globo manual o con una batidora eléctrica. Las masas de esta familia no deben trabajarse demasiado para evitar que se separen. Una vez que los ingredientes se incorporan en una preparación homogénea, la masa está lista; generalmente tienen una consistencia semilíquida o cremosa.

Las masas batidas crecidas no requieren de un tiempo de reposo antes de hornearse.

Método

- **Acremar la grasa con el azúcar.** Esta acción causa que los diminutos granos de azúcar se dispersen con el movimiento del batidor globo para que la grasa se fragmente en pequeñas partículas, dando como resultado una preparación cremosa.
- **Agregar los huevos uno por uno,** mezclando bien con un batidor antes de añadir el siguiente. La lecitina (entre otras sustancias) que contiene la yema funciona como agente emulsificante, lo que permite posteriormente mezclar la grasa con los ingredientes líquidos.
- **Incorporar los ingredientes líquidos.**
- **Añadir los ingredientes secos y hornear.** Una vez que los ingredientes secos estén bien incorporados a la masa, ésta se deberá hornear lo más pronto posible para conservar el aire que se le incorporó a la masa durante todo el proceso de batido.

Explicación técnica

Por medio del batido se logra incorporar una gran cantidad de aire a la masa. Durante el horneado, las burbujas de aire apresadas se expanden debido a las altas temperaturas logrando que la masa crezca sin necesidad de fermentarla previamente. El polvo para hornear ayuda a leudar la masa y a que se conserve esponjosa al salir del horno.

Ejemplos de panes

Mantecada, chino, panqué de nata, marquesote, beso.

Masas hojaldradas

Características

Las masas hojaldradas no contienen levaduras o agentes leudantes. Se componen de varias capas intercaladas de grasa y masa, que al hornearse se extienden como el fuelle de un acordeón para lograr obtener panes con mucho volumen, muy crujientes, ligeros y frágiles.

Método

- **Hacer una masa de agua (harina, sal, un poco de grasa y agua) y extenderla.** La masa se debe trabajar muy poco para evitar que el gluten se active.
- **Suavizar la grasa para el empaste.** La grasa se trabaja con el rodillo para calentarla y darle una consistencia similar a la de la masa de agua, para después formar un bloque que se pueda moldear. Un bloque de grasa muy duro puede romper la masa, y uno muy suave puede salirse de la masa al momento de formar los pliegues; en ambos casos se arruinaría la formación de capas.
- **Empastar.** Este paso consiste en envolver la grasa con la masa de agua.
- **Extender la masa.** La masa se adelgaza con un rodillo sobre una superficie ligeramente enharinada hasta darle un grosor uniforme.
- **Formar las capas intercaladas.** Este paso consiste en realizar 6 dobleces o vueltas con la masa, con un tiempo de reposo en refrigeración cada 2 vueltas o dobleces. De esta forma se obtienen láminas delgadas de grasa intercaladas con láminas delgadas de masa.
- **Dar forma a los panes.** La masa hojaldre debe estirarse en superficies ligeramente enharinadas para evitar que se pegue a la mesa. Es necesario asegurarse de que el grosor de la masa sea uniforme antes de cortarla o moldearla.
- **Hornear.** Se debe conservar una temperatura estable dentro del horno, por lo que no es aconsejable abrirlo durante el proceso de horneado.

Explicación técnica

Para lograr formar las capas de grasa y masa, la masa empastada se estira con un rodillo hasta obtener un rectángulo; posteriormente, se dobla sobre sí misma una tercera parte de la masa, la cual se cubre con el otro tercio de masa, formando las primeras 3 capas intercaladas de grasa y masa. Este doblez se repite 5 veces más, esto da como resultado una masa conformada por 729 láminas delgadas de masa intercaladas con 728 láminas delgadas de grasa.

La temperatura alta del horno provoca que el aire y el vapor de agua que emana de las láminas de masa se expandan, y que las láminas de grasa se derritan. Con ello, las capas se separan y hacen crecer la masa hasta cuatro veces más de su volumen inicial.

Ejemplos de panes

Banderilla, oreja, conde, paloma, broca.

Masas fermentadas

Características

Las masas de esta familia contienen levadura, la cual después de un proceso de fermentación permite que el volumen de la masa crezca y mejore el sabor del producto final. Es necesario controlar la temperatura y el tiempo de fermentación para asegurar el óptimo sabor y la textura característica de los panes.

El tiempo de vida de estas masas es corto, así que si no se hornea el mismo día, debe conservarse en refrigeración para evitar que se fermente en exceso.

El resultado después del horneado son panes de masa esponjosa y suave con mucho sabor y aroma.

Método

- **Mezclar ingredientes secos.**
- **Incorporar ingredientes líquidos.** Se deben incorporar gradualmente a la mezcla de ingredientes secos hasta obtener una masa.
- **Amasar hasta obtener una masa elástica.** La masa debe trabajarse hasta que adquiera una consistencia suave y fácil de manejar, elástica y resistente. Para ello, es necesario regular la cantidad de líquido en la masa: si después del amasado la consistencia de la masa es muy aguada, se debe incorporar un poco más de harina, pero si la masa es seca y dura, se debe agregar un poco más de líquido (agua, leche, cerveza, pulque...).
- **Permitir una primera fermentación.** La masa debe duplicar su volumen. El proceso de fermentación se habrá completado cuando al presionar la masa con un dedo se conserve la marca.

- **Ponchar la masa y formar panes.** Se debe ponchar la masa en una superficie ligeramente enharinada, para desgasificarla; posteriormente, la masa se porciona y se le da forma en función de la receta.
- **Permitir una segunda fermentación.** Las piezas de masa formadas deben dejarse reposar para que se relaje el gluten y dupliquen su volumen.
- **Hornear.** Este tipo de panes requieren de un tiempo corto de horneado. Deben dorarse ligeramente.

Explicación técnica

Las levaduras añadidas a la masa se alimentan del azúcar contenido en ésta, lo cual permite que durante la fermentación las levaduras produzcan bióxido de carbono y alcohol etílico, que se difunden dentro de la masa elástica. El bióxido de carbono hace que aumente el volumen de la masa y la red de gluten que se forma durante el amasado permite retenerlo.

El tiempo de fermentación depende de la temperatura ambiente y del trabajo de la masa; entre más alta sea la temperatura, más rápido será el proceso de fermentación. Es recomendable que la temperatura de fermentación no supere los 30 °C; con esta temperatura la masa crecerá en el lapso de 1 hora aproximadamente.

Las masas pertenecientes a esta familia también se pueden dejar fermentar en refrigeración durante 3 o 4 horas; este método asegura una fermentación controlada y un mejor sabor en el pan; las bajas temperaturas reducen la actividad bacteriana, esto provoca una fermentación prolongada y lenta que permite a las levaduras generar sustancias con un mejor sabor que cuando se fermenta a temperatura ambiente. Es recomendable aprovechar este tipo de fermentación cuando se realizarán otras preparaciones, por ejemplo, una crema pastelera, una mermelada o un glaseado; o bien, cuando la producción es muy grande y se requiere elaborar una o varias masas con un día de anticipación para que esté bien fermentada al inico de la siguiente jornada de trabajo.

Ejemplos de panes

Concha, pan de muerto, bolillo, telera, rol de canela.

Masas hojaldradas fermentadas

Características

Las masas hojaldradas fermentadas consisten en una masa fermentada a la cual se le incorpora cierta cantidad de grasa siguiendo el mismo método que para las masas hojaldradas; es decir, es una masa compuesta por láminas de masa fermentada intercalada con láminas de grasa.

Los panes elaborados con esta masa tienen el interior ligero, esponjoso y con mucho sabor y aroma gracias a la levadura; además, son crujientes por fuera, debido a las capas de grasa.

Método

- **Elaborar una masa fermentada.**
- **Empaste.** Este paso consiste en ponchar la masa fermentada, estirarla con un rodillo, colocar encima la grasa y doblar la masa para envolver la grasa.
- **Formar las capas intercaladas.** Se extiende la masa para obtener un rectángulo y se realizan 3 dobleces, con un lapso de refrigeración entre cada uno para evitar que la masa se fermente en exceso.
- **Dar forma a los panes.** La masa se extiende y se corta o se moldea.
- **Permitir una segunda fermentación.** Las piezas de masa se dejan fermentar sobre charolas para hornear.
- **Hornear.** La temperatura del horno debe ser alta para obtener un mayor volumen en los panes y lograr un exterior crujiente.

Explicación técnica

Las levaduras contenidas en la masa aportan un volumen controlado donde lo más importante es el sabor. La adición del empastado aporta a la masa la característica crujiente por lo hojaldrado. La mezcla de ambas técnicas otorga un pan de gran volumen y muy crujiente a la vez.

Ejemplos de panes

Cuernito, marina, rehilete, moño.

Masas quebradas crujientes

Características

Las masas quebradas crujientes no deben amasarse o trabajarse por mucho tiempo, sólo lo necesario para incorporar los ingredientes y así evitar que se active el gluten presente en la harina; si la masa presenta elasticidad se encogerá al momento de hornearla. Además, las masas quebradas crujientes contienen generalmente una gran cantidad de grasa; al momento de amasarlas, ésta se calienta, y si se trabajan demasiado, la grasa se separa de la masa.

Las masas pertenecientes a esta familia no son elásticas, por tanto carecen de cuerpo y son quebradizas. Se deben manejar con cuidado y certeramente para evitar romperlas. Es necesario refrigerarlas antes de moldearlas y hornearlas para evitar que se encojan.

Método

- **Mezclar la harina con la grasa.** Este paso se hace siguiendo el método de *sablage*, que consiste en incorporar cubos de mantequilla fríos a la harina con las yemas de los dedos, con la finalidad de obtener una preparación con consistencia arenosa.
- **Agregar ingredientes secos.** Se integran con las yemas de los dedos.
- **Incorporar los ingredientes líquidos.** Deben añadirse poco a poco, con las manos y sin trabajar demasiado la masa.
- **Refrigerar durante 30 minutos.** Este paso permite que la grasa se solidifique nuevamente y la masa adquiera estabilidad; de esta forma, resulta más fácil moldearla o cortarla.
- **Moldear o cortar la masa.** Se debe estirar la masa en una mesa de trabajo ligeramente enharinada para evitar que la masa se pegue y se rompa.
- **Hornear.**

Explicación técnica

Mezclar la mantequilla con la harina sirve para impermeabilizar las partículas de harina por medio de una película delgada de grasa; cuando la harina entra en contacto con los ingredientes líquidos, éstos son absorbidos lentamente, lo cual resulta en panes quebradizos y crujientes.

Ejemplos de panes

Polvorón, bisquet, marranito de piloncillo.

Trece pasos para obtener un buen pan de masa fermentada

La masa es un producto vivo que sufre transformaciones químicas a lo largo de todo el proceso de elaboración. El resultado final es un maravilloso producto comestible. El proceso de elaboración de masas fermentadas requiere seguir ordenadamente una serie de pasos para obtener un pan de calidad; omitir alguno, no realizarlo en el momento correcto

o de manera adecuada, puede resultar en un pan poco aromático, insípido, seco o con mucha humedad. Algunos de los pasos son un poco más complicados que otros, pero con un poco de práctica se pueden lograr a la perfección. Si bien estos pasos corresponden a los panes elaborados con masa fermentada, algunos de ellos también deben seguirse al elaborar panes con otras masas. Atienda a la receta de cada uno e identifique los pasos convenientes.

1 *Mise en place*

En francés, la expresión *mise en place* significa "tener las cosas en su lugar". En panadería es sumamente importante contar con todos los ingredientes o preparaciones listos y pesados, así como tener todos los utensilios limpios y a la mano antes de comenzar a elaborar cualquier receta. Las recetas de panadería son básicamente fórmulas químicas; por ello, un ingrediente mal pesado o la omisión de alguno pueden influir en el correcto desarrollo de la masa. Además, es necesario leer y entender bien las recetas antes de prepararlas para no omitir ningún paso.

2 *Mezclado y amasado*

El mezclado de los ingredientes permite obtener una masa homogénea. Durante este proceso la harina absorbe el líquido de hidratación, lo cual permite que el resto de los ingredientes, como la sal, la levadura y el azúcar se distribuyan de manera uniforme en la masa; es a partir de este momento que las levaduras comienzan a desarrollarse. Para obtener una buena masa los ingredientes se deben mezclar en el orden en el que aparecen en las recetas. Posteriormente, durante el amasado, las proteínas de la harina se hinchan y se mezclan unas con otras formando redes de gluten. Algunas masas requieren un desarrollo de gluten escaso, por lo que el tiempo de amasado es corto, por ejemplo, en las masas hojaldradas o en las quebradas crujien-

tes; las masas fermentadas, por su parte, requieren de una red de gluten más fuerte. Las masas con un desarrollo de gluten adecuado son lo suficientemente flexibles para estirarse sin romperse y contener los gases que se formen durante la fermentación sin que se escapen de la masa. Para saber si una masa fermentada tiene la elasticidad necesaria se debe tomar un poco de ella entre los dedos y estirarla lentamente hasta que forme una membrana muy delgada que no se rompa y permita que la luz pase a través de ella; a este punto se le llama punto de media, ventana o calzón. Si al realizar esta prueba la masa no se estira lo suficiente o se rompe, será necesario amasarla durante más tiempo.

3 *Fermentación*

La fermentación es un paso crucial en la elaboración de panes con masa fermentada. Una vez concluido el amasado con las redes de gluten formadas, el pan se deja reposar para que fermente. Durante este proceso, las levaduras consumen los azúcares contenidos en la masa y producen bióxido de carbono y alcohol etílico; el primero permite que el volumen de la masa crezca y se obtenga un pan esponjoso, el segundo contribuye a lograr un pan con buen sabor y aroma, los cuales se desarrollan durante todo el proceso de fermentado. Sin embargo, un tiempo de fermentación en exceso producirá una masa con un sabor desagradable y ligeramente alcohólico.

El tiempo de reposo de una masa depende de la temperatura. Si se deja reposar en un lugar muy cálido, la fermentación será muy apresurada y el pan tendrá un sabor insípido y será poco aromático. Una masa bien fermentada es aquella que ha duplicado su volumen inicial.

Las masas se deben fermentar dentro de tazones o recipientes ligeramente engrasados con aceite para evitar que la masa se pegue al recipiente. Su capacidad debe ser del doble del tamaño inicial de la masa para evitar que ésta se desborde. Finalmente, el recipiente debe cubrirse con plástico adherente o con una manta de cielo para evitar que la masa se reseque y se forme una costra en la superficie. Es importante colocar la masa durante su fermentación en algún lugar tibio, ya sea arriba del refrigerador, sobre la estufa mientras el horno está encendido o junto a una ventana donde entren los rayos del sol.

4 *Ponchado*

La acción del ponchado sirve para desgasificar o liberar el bióxido de carbono atrapado dentro de la masa fermentada. Esto permite unificar la temperatura de toda la masa y fortalecer la estructura de las redes de gluten, las cuales darán estructura al pan durante el horneado y se obtendrá un pan suave y esponjoso.

5 Pesado

Para obtener panes de un tamaño uniforme, la masa se debe dividir en porciones del mismo gramaje; el peso de las porciones de masa dependerá del tamaño del pan que deseemos elaborar. Un bollo individual se obtiene con una masa de 30 gramos aproximadamente y una pieza de pan dulce con una masa de 80 gramos, aunque también se pueden elaborar piezas grandes con porciones de masa de más de 150 gramos, como un pan de muerto o una rosca de Reyes.

Es importante cortar la masa con una raspa metálica o de plástico para evitar desgarrarla por dentro. Las porciones de masa se deben cubrir con plástico adherente o una manta de cielo para evitar que se resequen, se deben formar los panes en el orden en que se dividieron las porciones de masa.

6 Reposo

Cuando la masa es dividida su estructura interna sufre un desajuste, es por ello que una vez pesadas las porciones de masa se deben dejar reposar durante 10 minutos como máximo para permitir que se relaje su estructura. La masa se debe cubrir con plástico adherente o manta de cielo para evitar que se forme una costra en la superficie.

7 Boleado

El objetivo del boleado es redondear las porciones de masa para formar una capa exterior delgada y tersa, capaz de retener el bióxido de carbono que se genere durante la fermentación de los panes ya formados. Se debe comenzar a bolear las porciones de masa siguiendo el mismo orden en el que fueron pesadas; si una de las porciones de masa es-

tuviera muy rígida, permita que repose por algunos minutos más. La técnica de boleado requiere un poco de práctica, es importante realizarla adecuadamente para evitar fugas de gas en los panes, causando que se deformen durante el horneado.

8 Segundo reposo

Después de formar los bollos, la masa necesita nuevamente de un tiempo de reposo de 10 minutos para que se relaje su estructura interna. Los bollos se deben cubrir nuevamente con plástico adherente o con una manta de cielo.

9 Modelado o formateo

Este paso consiste en modelar los bollos de masa para que tomen su forma final. En la panadería mexicana existen infinidad de figuras y formas propias de cada pieza de panadería. En algunos casos es necesario enharinar los bollos de masa y la superficie de trabajo para formar los panes; no obstante, la cantidad de harina debe ser mínima para evitar que las piezas se resequen. Una vez modelados los panes se deben colocar sobre las charolas donde se hornearán.

10 Segunda fermentación o fermentación final

Una segunda fermentación permite que el pan ya modelado aumente aún más su volumen y se eliminen los defectos o marcas que se hayan formado durante el modelado. Es importante no mover los panes de la charola después de este proceso, de lo contrario, existe el riesgo de que la masa se ponche y se deforme antes del horneado.

Para saber si la segunda fermentación ha terminado, presione ligeramente el pan con la yema de un dedo; si al retirarlo la masa regresa casi completamente a su forma original, estará lista para ser horneada; por el contrario, si se queda la marca del dedo en la masa, es señal de que la masa se ha fermentado en exceso.

11 *Greñado y decoración*

Algunos panes se greñan antes de ser decorados, este procedimiento consiste en realizar una incisión poco profunda con una navaja en la superficie de un pan antes de introducirlo en el horno. Este corte permite que el gas escape de una manera más ordenada durante la cocción, además de servir como elemento decorativo del pan.

Generalmente los panes greñados se decoran de forma muy sencilla: únicamente con brillo de huevo y se espolvorean con alguna semilla o azúcar. El resto de los panes pueden llevar desde una decoración muy sencilla, como brillo de huevo y un poco de azúcar, hasta decoraciones más complejas, como las conchas o la rosca de Reyes.

12 *Horneado*

Durante el horneado ocurren muchos cambios en la masa que culminan en una masa cocida y en un delicioso pan. El proceso de fermentación continúa y se acelera dentro del horno debido a la temperatura elevada. Además, el líquido contenido en la masa se convierte en vapor, lo cual permite

que el pan adquiera más volumen. Cuando la temperatura interna de la masa alcanza los 60 °C, las levaduras mueren y dejan de producir bióxido de carbono y alcohol. Conforme va subiendo la temperatura interna de la masa, las proteínas de la masa se comienzan a coagular y la masa se convierte en miga; además, sufren un proceso de caramelización junto con los azúcares presentes en la masa, formando una costra dorada y crujiente.

Es importante verificar el correcto horneado de los panes antes de sacarlos del horno; si un pan que aún está crudo se enfría, no será posible terminar de cocerlo adecuadamente introduciéndolo de nuevo al horno.

13 *Enfriado*

Los panes cocidos se deben dejar enfriar por completo antes de consumirlos o cortarlos. Después de retirar el pan del horno, se dejan reposar en la charola entre 10 y 12 minutos. Este tiempo permite que la humedad interna del pan se difunda hacia el exterior y que la miga se ponga firme. En las panaderías profesionales las charolas se colocan en *racks*, los cuales permiten que el aire circule y que los panes se enfríen uniformemente. Si desea acelerar el proceso de enfriamiento, usted puede colocar las charolas sobre una rejilla, o colocar los panes directamente sobre la rejilla una vez que éstos puedan retirarse de la charola sin romperse. Evite enfriar los panes donde haya corrientes de aire, de lo contrario, su corteza se resecará y se cuarteará.

Ingredientes esenciales en la elaboración de pan

Harina

La harina se puede obtener de muchos tipos de cereales y semillas; sin embargo, aquellas con las que se obtienen mejores resultados en panificación son las de trigo, centeno, cebada y avena; por ello, también se les conoce como harinas panificables.

Otros tipos de harina pueden ser utilizados en conjunto con harina de trigo para complementar o diversificar el sabor, aroma, textura o aporte nutrimental de un pan; por ejemplo, la harina de maíz, de amaranto o de soya, entre otras. Estas últimas no se utilizan en panificación sin estar combinadas con harina de trigo, pues es la que produce fuerza en la masa debido a su alto contenido de gluten y otras proteínas. El resultado final es un pan de buen cuerpo y a la vez muy ligero.

El porcentaje de proteínas que puede contener una harina de trigo es en función de la variedad de trigo con la que

esté hecha. En México se pueden encontrar dos tipos de harinas: la harina de fuerza con un mínimo de 14% de proteínas, y la harina suave con 9% de proteínas.

Las harinas de trigo se componen de varios tipos de proteínas. Algunas de ellas se disuelven durante el amasado al entrar en contacto con el líquido de hidratación, pero las proteínas del gluten se hinchan, se vuelven pegajosas y se unen entre ellas formando una red elástica y resistente, cuya función principal es retener el gas que se genere durante la fermentación para obtener una masa elástica y manejable. Es por esta razón que el proceso de amasado es crucial para obtener panes esponjosos y de buen sabor; si una masa se trabaja por poco tiempo, la red formada por el gluten será débil y dejará escapar el gas durante la fermentación.

TABLA DE EQUIVALENCIAS DE LOS INGREDIENTES BÁSICOS EN PANADERÍA

Medidas en gramos

Ingredientes secos	1 taza	¾ de taza	⅔ de taza	½ taza	⅓ de taza	¼ de taza	1 cucharada	½ cucharada	1 cucharadita	½ cucharadita	¼ de cucharadita
Harina	125	93.75	83	62.5	42	31.25	10	5	3	1.5	0.75
Azúcar	200	150	133	100	67	50	15	7.5	5	2.5	1.25
Azúcar glass	130	97.5	87	65	43	32.5	10	5	3	1.5	0.75
Mantequilla y margarina fría	160	120	107	80	53	40	8	4	2.5	1.25	0.6
Mantequilla y margarina a temperatura ambiente	200	150	133	100	67	50	10	5	3	1.5	0.75
Sal	—	—	—	—	—	—	20	10	6.5	3	1.5
Polvo para hornear	—	—	—	—	—	—	12	6	4	2	1
Levadura en polvo	—	—	—	—	—	—	10	5	3	1.5	0.75
Fécula de maíz	—	—	—	—	—	—	8	4	2.5	1.25	0.6

Huevo	1 pieza sin cascarón = 50	1 yema = 20	1 clara = 30

Medidas en mililitros

Ingredientes líquidos	1 taza	¾ de taza	⅔ de taza	½ taza	⅓ de taza	¼ de taza	1 cucharada	½ cucharada	1 cucharadita	½ cucharadita	¼ de cucharadita
Aceite, agua, leche, extracto de vainilla, etc.	240	180	160	120	80	60	15	7.5	5	2.5	1.25

¿Qué harina utilizar?

Las harinas de trigo suaves se utilizan para elaborar masas que no requieren desarrollar elasticidad ni mucha fuerza. Este tipo de harinas son ideales para hacer masas quebradas crujientes, por ejemplo, galletas o polvorones, y para masas batidas como panqués. Si se utiliza una harina de fuerza para elaborar una masa batida, el resultado será un pan quebradizo y con una miga dura.

Para elaborar masas hojaldradas, masas fermentadas y masas hojaldradas fermentadas, es recomendable mezclar proporcionalmente harina de trigo suave con harina de fuerza para obtener una harina de fuerza media con un porcentaje de proteínas de 12%.

La harina de fuerza se utiliza para elaborar masas que incluyan harinas con bajo contenido proteico o ausentes de gluten, como harina de maíz o de quinoa; o bien, en masas fermentadas que contengan un gran contenido de grasa (margarina, mantequilla), huevos y azúcar, por ejemplo la rosca de Reyes y el pan de muerto, ya que su alto porcentaje en proteínas permite incorporar a la masa una mayor cantidad de líquido de hidratación durante el amasado. Si se utiliza una harina baja en proteínas para elaborar una masa de este tipo, el tiempo de amasado se prolongaría demasiado y el resultado sería una masa muy pegajosa y un pan con muy poco volumen.

Harina de trigo integral

Un grano de trigo se compone de tres partes: el endospermo (81-83% del grano) que se compone de almidón y de gluten; el germen (2-3% del grano), y la cascarilla rica en fibra y minerales (14-17% del grano).

La harina de trigo integral se obtiene moliendo el grano de trigo entero, a diferencia de la harina refinada que sólo contiene el endospermo. Durante la molienda de los granos de trigo enteros, el germen desprende aceite, que al paso del tiempo puede causar el enranciamiento de la harina; por ello la vida de anaquel de la harina de trigo integral es menor a la de la harina de trigo refinada.

Si desea elaborar un pan con harina integral debe tomar en cuenta que la masa absorberá más líquido de hidratación que la elaborada con harina refinada; además, el proceso de amasado será más largo, la corteza del pan será más suave y la miga menos fuerte.

Sal

La sal de mesa, compuesta en esencia de cloruro de sodio, es un ingrediente esencial en la elaboración del pan. Funciona como conservador, debido a que absorbe la humedad del pan, y como potenciador del sabor del resto de los ingredientes. Además, mejora el aroma del pan y permite una mayor elasticidad en la masa debido a que tensa la cadena de gluten.

La cantidad de sal recomendada en la elaboración de un pan oscila entre 1% y 2% del peso total de la harina, es decir entre 10 y 20 gramos de sal por 1 kilogramo de harina. Un exceso de sal puede retardar la fermentación, lo que resultaría en un pan pesado, gomoso y salado.

Líquido de hidratación

El líquido de hidratación es un componente esencial en la fórmula de una masa. Generalmente se trata de agua, leche o una mezcla de ambas, huevo mezclado con agua o con leche, algún suero o alcohol. La cantidad de líquido que debe tener una masa oscila entre 50 y 65% del peso total de la harina; así, una masa que contenga 2 kilogramos de harina debe hidratarse con 1 litro de líquido como mínimo.

La función principal del líquido de hidratación es disolver los ingredientes secos e incorporarlos en una masa homogénea con una estructura uniforme. Además, ayuda a disolver y activar las proteínas de la harina para formar el gluten; una masa con poca humedad difícilmente desarrollará la elasticidad necesaria.

La temperatura del líquido de hidratación define la rapidez con la que una masa fermentará; con un líquido tibio la fermentación será mucho más rápida que con un líquido frío con 1 o 2 cubos de hielo. Esta información puede resultar de utilidad para organizar los tiempos y actividades dentro de la panadería.

Agentes leudantes

Existen varias sustancias o métodos que pueden cumplir con la función de leudar o hacer crecer una masa; el tipo de agente leudante y la proporción que se utilice en una masa depende de varios factores: grado de elasticidad o fortaleza requerido, consistencia, sabor final esperados, entre otros factores.

Agentes biológicos o naturales

Levaduras

Las levaduras se empleaban para elaborar pan hace miles de años sin conocer exactamente cuál era su función en el proceso de fermentación. En 1859 Louis Pasteur descubrió que las levaduras son microorganismos unicelulares que se multiplican de manera exponencial y se alimentan de azúcares para metabolizarlos y obtener energía produciendo bióxido de carbono, alcohol y algunas sustancias químicas. En la elaboración del pan estos elementos quedan atrapados en el interior de la masa. El alcohol es responsable del buen sabor del pan; el bióxido de carbono provoca que la masa leve o se esponje y las sustancias químicas afectan la consistencia de la masa. En conjunto, las levaduras fortalecen el gluten y mejoran la elasticidad de la masa.

En una masa sin azúcar añadida, las levaduras se alimentan de los carbohidratos presentes en la harina; sin embargo, si se añade una pequeña cantidad de azúcar (azúcar refinada, mascabado, miel) la actividad de la levadura aumentará. La temperatura en la que las células de la levadura producen más gas es a 35 °C.

En México se pueden encontrar dos tipos de levaduras: la levadura fresca o prensada y la levadura instantánea seca.

- La levadura fresca o prensada es una mezcla de harina, agua y levaduras; por ello, su tiempo de vida se limita a tres semanas y debe conservarse en refrigeración. Para utilizarla es necesario hidratarla previamente en un poco de agua. Debido a que las células de la levadura están vivas producen mucho más gas que otras levaduras. Antaño la levadura fresca era la más empleada para panificación, pero actualmente su uso es casi exclusivo de panaderos y cocineros.

- La levadura instantánea, seca o en polvo contiene levaduras fermentadas deshidratadas y se puede almacenar durante varios meses en un lugar seco. La levadura instantánea no necesita hidratarse antes de ser mezclada con otros ingredientes y es tres veces más efectiva que la levadura; por ello, actualmente su uso y comercialización es mayor que el de la levadura fresca.

Las recetas de este libro están hechas a partir de levadura en polvo; sin embargo, la puede sustituir por levadura fresca multiplicando la cantidad de levadura en polvo por 3; es decir, 10 gramos de levadura en polvo equivalen a 30 gramos de levadura fresca.

Aire

Algunas masas se elaboran siguiendo el método de batido, cuya finalidad es incorporar aire a la masa. Al quedar atrapado en ésta, el aire provoca que el pan crezca durante el proceso de horneado. Este tipo de masas no requieren de levaduras ni agentes leudantes químicos para esponjar.

Vapor

Éste es el caso de las masas hojaldradas compuestas de varias capas de grasa y masa que son muy húmedas. Durante el proceso de horneado, el calor genera vapor dentro de las capas, mismas que se desplazan hacia arriba, logrando un pan con mucho volumen. Este tipo de masas no requieren de levaduras ni agentes leudantes químicos para levar.

Agentes químicos

Polvo para hornear

Los polvos para hornear, también llamados impulsores de masas o levaduras químicas, son productos comerciales obtenidos de la mezcla de bicarbonato de sodio con cremor tártaro y algún excipiente como harina o almidón.

El polvo para hornear reacciona con la humedad, por ello debe mezclarse con el resto de los ingredientes secos antes de agregar el líquido de hidratación y así evitar reacciones prematuras. Al momento en que se agregan los ingredientes líquidos, el polvo para hornear se disuelve y sus componentes reaccionan generando bióxido de carbono. El gas queda atrapado dentro de la masa y el calor del horno provoca que la masa crezca.

Bicarbonato de sodio

Se puede utilizar como agente leudante en una masa, a condición de que ésta tenga algún ingrediente ácido con el cual pueda reaccionar, por ejemplo: leche, chocolate, cacao, vinagre o jugo de fruta.

Otros ingredientes del pan

Cualquier ingrediente que se agregue a una masa que no sea harina, sal, un agente leudante o un líquido de hidratación, es considerado como un enriquecedor de la masa; no obstante, todos los ingredientes que se mencionan a continuación juegan un papel importante en el desarrollo de las masas.

Grasas

La función principal de las grasas en la panadería es la de otorgar a las masas suavidad y humedad gracias a sus pro-

piedades emulsionantes; un pan sin grasa tiene una vida de anaquel muy corta, pues se endurece rápidamente y su miga es seca. Además, las grasas atrapan las burbujas de aire que se expanden con el calor del horno, ayudando así al crecimiento de las masas.

Mantequilla

La mantequilla es la grasa más utilizada en la panadería. Se utiliza para obtener un pan con una miga suave y con un sabor y aroma característicos; además, genera cierta humedad que se experimenta en el paladar al momento de comerlo.

La mantequilla es una grasa butírica obtenida principalmente de la leche de vaca, a la cual se le puede agregar sal. La mantequilla sin sal es la más utilizada en la panadería profesional, aunque también la salada se utiliza para algunas preparaciones específicas y en ocasiones puede ser utilizada como sustituto de la mantequilla sin sal, reduciendo o eliminando este último ingrediente de la receta de la masa.

Margarina

La margarina se utiliza en ocasiones como sustituto de la mantequilla debido al elevado costo de esta última y a su complicado almacenamiento en lugares cálidos.

La margarina se obtiene a partir de una grasa vegetal o animal mezclada con agua (en ocasiones se le agregan saborizantes, colorantes, emulsificantes y preservativos), sometida a un proceso de hidrogenación para volverla sólida a temperatura ambiente. Su sabor es diferente al de la mantequilla; no obstante, su punto de fusión es más elevado, por lo que se puede conservar más tiempo a temperaturas más altas.

Actualmente se han desarrollado margarinas especiales para panificación con funciones para cada tipo de masa. Por ejemplo, las margarinas para bizcocho o danés y para masa hojaldre tienen plasticidad específica que permite empastarlas más fácilmente. Además, la primera le da al pan un rico aroma a mantequilla, la segunda es más húmeda y permite un buen crecimiento de la masa; también existen margarinas especiales para masas batidas que se acreman más fácilmente, proporcionando un mayor volumen y rendimiento de las masas.

Manteca

La manteca se compone de 100% grasa y no contiene agua. En la panadería mexicana el uso de manteca de cerdo y de manteca vegetal es muy arraigado, sobre todo de forma doméstica y en panaderías pequeñas o tradicionales, debido a su bajo costo y fácil acceso. La manteca de cerdo es responsable del sabor característico y de la suave textura de ciertos panes.

Aceites

Los aceites son grasas vegetales, líquidas a temperatura ambiente, que se producen a partir de una gran variedad de plantas. Se utilizan frecuentemente para elaborar masas batidas crecidas como la de las mantecadas y los chinos. A diferencia de las grasas sólidas, es más fácil incorporar los aceites completamente al batido, lo cual permite cubrir mejor las proteínas inhibiendo la formación de cadenas largas de gluten; esto resulta en un pan con una miga y una corteza suave.

Los aceites más utilizados en panadería son los de girasol, maíz y canola, pero se pueden utilizar de la misma forma los de cártamo, de cacahuate, de soya, entre otros.

Huevo

En panadería se utilizan generalmente huevos de gallina. Un huevo pesa aproximadamente 60 gramos, de los cuales 20 gramos corresponden al peso de la yema y 30 gramos al de la clara. Es importante utilizar siempre huevos frescos y conservarlos en refrigeración. Agregar huevo a una masa de pan tiene varias funciones; por un lado, aporta color, sabor y algunos nutrientes; y, por otro, la yema, rica en proteínas, grasas y emulsionantes, forma una masa suave y moldeable, gracias a que las grasas y los emulsionantes relajan la cadena de gluten. Asimismo, ayuda a obtener un pan esponjoso y de lento endurecimiento, ya que los emulsionantes estabilizan las burbujas de gas y el almidón.

Endulzantes

El endulzante más común para una masa de pan es el azúcar, aunque también se puede utilizar piloncillo, miel de abeja o edulcorantes artificiales. Además de endulzar el sabor de los panes, los endulzantes naturales sirven como el principal alimento de las levaduras; sin embargo, se debe controlar la cantidad de azúcar en la masa para evitar que ésta se fermente en exceso, haciendo que la masa esponje sin desarrollarse por completo; por el contrario, si la cantidad de azúcar es escasa, la fermentación se convertirá en un proceso largo y lento. Otra de sus funciones principales es la de absorber la humedad, alargando el tiempo de vida de los panes y conservándolos húmedos por más tiempo. Asimismo, la presencia de azúcar en la masa produce el color dorado en la costra de los panes debido a la caramelización que ocurre con el calor del horno.

Leche

La leche es empleada en la panadería por numerosas razones. Se compone principalmente de proteínas, grasas y emulsionantes que debilitan o relajan la cadena de gluten, lo que se traduce en una miga suave. Los emulsionantes de la leche estabilizan las burbujas de gas y el almidón, lo que resulta en un pan esponjoso que permanece suave por más tiempo; y los azúcares que contiene la leche se caramelizan durante el horneado ayudando a oscurecer el color de la costra de los panes y a darles un rico sabor. Actualmente se utilizan muchos tipos de leche en panadería: bajas en grasa, sin lactosa, leches vegetales, etc. En lo que concierne a este libro, todas las recetas se elaboran con leche entera de vaca.

Saborizantes

La mayoría de los sabores que se desarrollan en un pan provienen de ingredientes básicos como la harina y la levadura, y de algunos enriquecedores como la mantequilla, el huevo y la leche; no obstante, existe una infinidad de saborizantes que ayudan a realzar o mejorar el sabor de los panes, por ejemplo, el extracto de vainilla, especias en polvo, licores, jugos de cítricos, etc. Es importante utilizar siempre saborizantes naturales y evitar, si es posible, los saborizantes artificiales.

Equipo y utensilios básicos para la elaboración del pan

Aunque se puede realizar pan con los utensilios que tenemos siempre en casa, hay cierto equipo indispensable para la elaboración de un pan de calidad.

Báscula

Durante el proceso de amasado y horneado de los panes ocurren reacciones químicas específicas, las cuales, son responsables del sabor, textura, aroma y color característico de cada pan. Por esta razón, en panadería se opta por pesar los ingredientes en lugar de medirlos por volumen, ya sea en tazas o en cucharadas. De esta manera la medición es más exacta y se obtienen mejores resultados. Las unidades de medida más utilizadas son gramos o kilogramos y mililitros o litros. La báscula también resulta necesaria para pesar la masa y dividirla en porciones del mismo gramaje.

Para elaborar las recetas de este libro se puede utilizar una báscula digital sencilla que permita pesar los ingredientes a partir de 1 gramo y que cuente con la función de tara. Si no cuenta con una báscula, consulte la tabla de equivalencias de la página 16.

Batidora o mezcladora

Antiguamente, todo el proceso de elaboración de los panes se hacía a mano. Los ingredientes se mezclaban, amasaban y dejaban fermentar en una tina de madera llamada artesa. Actualmente existen algunas panaderías que siguen el método tradicional o artesanal para elaborar sus panes, aunque la gran mayoría recurren al uso de batidoras o mezcladoras profesionales para acelerar y facilitar el proceso de elaboración.

Los procedimientos de elaboración en este libro explican cómo elaborar las masas a mano; pero si usted lo prefiere, puede amasarlas en una batidora. Esto es particularmente útil cuando se quiere elaborar una gran cantidad de masa.

Es importante aclarar que un correcto proceso de amasado es crucial para el desarrollo del gluten, así como para obtener un pan de buen sabor, aroma y textura. Las masas deben trabajarse hasta que alcancen cierto punto de elasticidad; algunas de ellas, como las masas fermentadas, necesitan de un tiempo de amasado prolongado.

Para realizar el proceso de amasado puede utilizar una batidora o mezcladora de pedestal casera con el aditamento de gancho. Es importante que la cantidad de masa a trabajar no supere la capacidad máxima de la batidora (para ello deberá consultar el instructivo de su aparato), de lo contrario, deberá amasarla en tandas, esto evitará que el motor se caliente y se dañe.

Charola para hornear

Las charolas para hornear que se utilizan en panadería son placas de metal con bordes. El tamaño estándar es de 40 × 60 centímetros, aunque hay charolas más pequeñas para hornear pequeñas cantidades de pan o piezas pequeñas; para hornear en casa, deberá elegir la que se ajuste mejor al tamaño de su horno. Existen charolas de varios materiales: las de aluminio son ligeras y económicas; las de acero inoxidable son más estéticas y durables, y las de lámina negra son económicas pero poco duraderas.

Para mantener limpias las charolas y evitar que los panes se peguen a su superficie es necesario cubrirlas con papel cocción o papel siliconado antes de cada uso. También puede engrasarlas antes de colocar los panes; en este caso, deberá lavarlas después del horneado.

Cepillo panadero

El cepillo panadero es una brocha larga y ancha que se utiliza para remover el exceso de harina de las superficies de trabajo, así como de las masas al momento de moldearlas o extenderlas y antes de hornearlas; asimismo, es útil para controlar la cantidad de harina durante el procedimiento de elaboración de las masas hojaldradas. El cepillo se utiliza también para limpiar los restos de masa y de harina, así como las migajas de las superficies de trabajo y de los hornos.

Horno

En panadería se utilizan todo tipo de hornos, desde hornos de piedra y hornos de gas convencionales, giratorios o con capacidad para varias charolas, hasta hornos eléctricos sofisticados con sistemas de convección, inyección de vapor, programables, con control de temperatura, etc. El tamaño del horno depende del volumen de producción. Los hornos eléctricos permiten un mayor control de la temperatura y de la humedad durante el horneado, así como del tiempo de cocción; sin embargo, no es fácil tener acceso a este tipo de horno. Para hornear en casa en un horno de gas convencional o en un horno eléctrico sencillo es importante conocer y respetar la temperatura de horneado óptima para cada pan; una temperatura de horneado media oscila entre 165 °C y 170 °C; una temperatura alta entre 180 °C y 185 °C, y una muy alta entre 190 °C y 200 °C. Por otro lado, se debe recalcar que cada horno tiene sus particularidades; por ello, los tiempos de cocción en panadería siempre son aproximados y la cocción de los panes se debe supervisar constantemente. Recuerde que la única forma de conocer la capacidad de cocción de su horno es a través de la experiencia.

Moldes

Los moldes se utilizan para hornear panes cuyas masas son líquidas, como las masas batidas crecidas, y necesitan algo que las contenga para poder hornearlas; también se pueden utilizar con otras masas para conseguir un pan con una forma específica. Existen moldes de varios tamaños, de diversos materiales (silicón, aluminio, metal, vidrio, etc.) y costos; elija el molde que más se adecúe a su gusto y necesidades. Recuerde siempre engrasar o cubrir los moldes con papel siliconado para evitar que las preparaciones se peguen a ellas.

Navaja

Las navajas de panadería se utilizan para realizar incisiones en la superficie de los panes, conocidas como "greñas" que, por un lado, sirven como decoración pero, particularmente, ayudan a controlar el leudado del pan dentro del horno.

Puede adquirir una navaja de panadería en tiendas de repostería o materias primas; o bien, puede utilizar una navaja de afeitar, un cuchillo mondador afilado o un cúter o exacto limpios.

Rack o espiguero

Los *racks* o espigueros son estantes con varios niveles en donde se pueden apilar varias charolas. Antes del horneado los panes se dejan reposar sobre las charolas en los *racks* para permitir su segunda fermentación; posteriormente, al sacar los panes del horno se dejan reposar nuevamente en los *racks* para que se enfríen. El espacio que existe entre los niveles permite la circulación del aire por todos lados, esto propicia que se forme en los panes una costra uniforme y crujiente y que se enfríen más fácilmente. Los *racks* son una herramienta útil para aprovechar de manera más efectiva el espacio disponible dentro de una cocina.

Raspa

La raspa es una herramienta indispensable para el panadero. Consiste en una lámina de metal o plástico con un mango de madera, metal o plástico en uno de sus lados que permite sujetarla. Se utiliza para dividir o cortar las masas al momento de porcionarlas, para cortar mantequilla o margarina, para sacar toda la masa de los tazones y para raspar los restos de masa pegados en las superficies de trabajo después del amasado. Estos utensilios se pueden adquirir en tiendas de repostería o materias primas, o en ferreterías.

Rodillo o palote

El rodillo es un utensilio que se utiliza para estirar masas. Existen de varios tamaños y materiales: madera, plástico, silicón y metal; a los rodillos delgados y largos se les llama palotes. La elección del rodillo es personal, pues depende del que le ajuste mejor a cada persona. En panadería se recomienda utilizar rodillos lisos; es preferible contar con un rodillo ancho para estirar cualquier tipo de masa, y un palote, el cual es necesario para ciertas masas específicas, por ejemplo, para enrollar la masa de las campechanas. Los rodillos de madera se limpian con un trapo húmedo después de cada uso y no se debe utilizar agua ni jabón.

Superficie o mesa de trabajo

Para la elaboración del pan es necesario contar con una superficie de trabajo lisa que permita amasar, bolear y dar forma a las masas. El material ideal para trabajar las masas es la madera. Las mesas de acero inoxidable son una buena opción, aunque se debe controlar la cantidad de harina para que la masa no se deslice tan fácilmente y se pueda moldear o estirar. También las superficies hechas con materiales aglomerados son buena opción. No es recomendable utilizar superficies de mármol, ya que son muy frías y pueden endurecer un poco la masa.

Tazones

Los tazones son útiles para pesar y mezclar ingredientes, así como para contener masas que se dejarán fermentar. Es necesario contar con varios tazones de diversos tamaños y algunos recipientes plásticos con tapa para guardar masas en refrigeración. Es recomendable utilizar tazones de metal o vidrio porque son fáciles de lavar y no absorben olores como los recipientes de plástico.

Técnicas básicas

Cómo engrasar y enharinar un molde o charola (1)

1. Derrita un poco de mantequilla o margarina y úntela con una brocha en el interior del molde o de la charola hasta cubrir toda la base y las paredes; asegúrese de cubrir bien todas las esquinas.

2. Introduzca el molde o la charola en el refrigerador por algunos minutos o hasta que la grasa se endurezca.

3. Saque el molde o la charola del refrigerador y espolvoree el interior con suficiente harina de trigo, hasta cubrirlo por completo. Gire el molde o la charola y golpéelo suavemente para retirar el exceso de harina.

4. También puede engrasar moldes o charolas con manteca vegetal o manteca de cerdo. Para ello, tome un poco de la grasa con las yemas de sus dedos y úntela en el interior del molde o de la charola hasta obtener una capa uniforme y muy delgada.

Cómo ponchar una masa (2)

1. Enharine ligeramente la superficie de trabajo. Retire con cuidado el plástico o manta de cielo que cubre el recipiente donde fermentó la masa, sáquela con una raspa y colóquela sobre la superficie de trabajo.

2. Aplaste delicadamente la masa con la palma de la mano. Estire hacia un lado una de las orillas de la masa, dóblela hacia el centro de la misma y presiónela hacia abajo. Repita este paso varias veces hasta sacar todo el gas. También puede ponchar la masa presionándola con los puños.

Cómo bolear una masa (3)

1. Enharine con muy poca harina una superficie de trabajo (para realizar esta técnica es necesario que la masa se adhiera un poco a la superficie) y coloque encima una porción de masa.

2. Si la porción de masa es pequeña (para hacer un bollo o una pieza de pan individual), cúbrala con una de sus manos, con los dedos entreabiertos, y ruédela moviendo la mano de manera circular y presionando ligeramente la masa. Deberá obtener un bollo con una superficie lisa y tersa y con un pliegue en la base. Si la porción de masa es para hacer una pieza de pan grande, cúbrala con ambas manos y ruédela sobre sí misma; al final, introduzca los bordes inferiores por debajo de la masa haciendo un poco de presión con las palmas.

Suavizar mantequilla para el empaste

1. Coloque el trozo de mantequilla sobre una hoja de papel siliconado grande, cúbralo con la misma hoja y golpéelo con un rodillo para comenzar a suavizarlo. (Foto 1.)

2. Acomode la hoja de papel siliconado para que cubra bien todo el trozo de mantequilla y golpéelo nuevamente. Repita este procedimiento, acomodando el papel siliconado cuantas veces sea necesario, hasta que la mantequilla esté completamente suave y se haya formado un rectángulo o cuadrado irregular delgado.

3. Estire el papel siliconado y coloque al centro la mantequilla suavizada. Doble una de las orillas del papel sobre sí misma, hacia el centro, para cubrir la mitad de la mantequilla; haga lo mismo con el lado contrario, y finalmente doble las orillas restantes. Deberá obtener un paquete con la mantequilla dentro. (Foto 2.)

4. Estire la mantequilla pasando el rodillo por encima del paquete hasta que la mantequilla tome la forma de un cuadrado con un grosor uniforme. (Foto 3.)

5. Desdoble el papel siliconado y coloque el cuadro de mantequilla sobre la masa que desee empastar. (Foto 4.)

Masas batidas crecidas

Beso 26

Chino 29

Encuerado 30

Garibaldi 33

Mantecada 34

Marquesote 37

Pan de elote 38

Panqué de nata 39

Rebanada de chocolate 40

BESO

Rendimiento: 35 besos — **Preparación:** 1 h — **Cocción:** 20 min

Material: charolas para hornear cubiertas con papel siliconado, rejilla

Masa

660 g de margarina para panificación, cortada en cubos y a temperatura ambiente

440 g de azúcar

150 g de huevos

20 g de yema

160 ml de leche

1.1 kg de harina de trigo

20 g de polvo para hornear

1 pizca de sal

Terminado

100 g de mantequilla a temperatura ambiente

40 g de manteca vegetal

100 g de azúcar glass

c/s de azúcar

c/s de mermelada de fresa

Masa

1. Suavice la margarina en un tazón y bátala con el azúcar hasta obtener una preparación tersa y esponjosa.

2. Añada los huevos uno por uno, batiendo cada uno hasta incorporarlo a la mezcla antes de añadir el siguiente. Agregue la yema y la leche y bata nuevamente hasta incorporarlas. (Ver foto 1 de Garibaldi, pág. 33.)

3. Cierna sobre un tazón la harina de trigo con el polvo para hornear y la sal, y agréguela a la mezcla de margarina y huevos. Bata hasta obtener una masa homogénea de color uniforme y cremosa. (Ver foto 2 de Garibaldi, pág. 33.)

Terminado

1. Precaliente el horno a 180 °C.

2. Tome una porción de masa con una mano, presiónela delicadamente entre su puño para dejar salir poco a poco la masa a través del pulgar y el dedo índice hasta obtener un porción de 6 centímetros de diámetro; corte la masa con el dedo índice de la mano contraria y deje caer la masa en la charola. Repita este paso con el resto de la masa. (Foto 1.)

3. Hornee los panes durante 20 minutos o hasta que se doren ligeramente. Retírelos del horno y déjelos enfriar sobre la rejilla.

4. Bata muy bien la mantequilla junto con la manteca vegetal y el azúcar glass hasta formar una crema blanca. Unte los besos por ambos lados con esta crema y cúbralos con azúcar. (Fotos 2 y 3.)

5. Unte la base de cada pan con mermelada de fresa. Junte 2 piezas de pan por la base para formar los besos.

CHINO

Rendimiento: 16 chinos — **Preparación:** 35 min — **Cocción:** 24 min

Material: moldes para chinos forrados con cuadros de papel estraza, jarra con pico, charolas para hornear, rejilla

250 g de huevos	40 ml de agua
300 g de azúcar	c/s de colorante amarillo
125 ml de leche	280 g de harina de trigo
5 ml de extracto de vainilla	3 g de sal
240 ml de aceite	10 g de polvo para hornear

1. Precaliente el horno a 180 °C.

2. Preparare la masa siguiendo el mismo procedimiento que la masa del encuerado (ver pág. 30), incorporando el agua y el colorante amarillo junto con el aceite. Asegúrese de no colorear demasiado la masa.

3. Vacíe la masa en la jarra con pico y distribúyala en los moldes, dejando un espacio libre antes de llegar al borde. Colóquelos sobre las charolas para hornear.

4. Hornee los panqués durante 24 minutos o hasta que se doren ligeramente. Retírelos del horno, déjelos enfriar sobre la rejilla y desmóldelos, conservando el papel estraza adherido a los panes.

ENCUERADO

Rendimiento: 18 encuerados — **Preparación:** 35 min — **Cocción:** 20 min
Material: moldes para mantecadas, jarra con pico, charolas para hornear, rejilla, brocha

Masa

250 g de huevos

250 g de azúcar

120 ml de leche

5 ml de extracto de vainilla

240 ml de aceite

270 g de harina de trigo

5 g de sal

5 g de polvo para hornear

Terminado

c/s de glaseado de
chabacano (ver pág. 171)

Masa

1. Bata en un tazón los huevos y el azúcar con ayuda de un batidor globo hasta que el azúcar se disuelva y obtenga una mezcla homogénea.

2. Vierta la leche y el extracto de vainilla y continúe batiendo por 2 minutos más. Añada el aceite en forma de hilo, sin dejar de batir, hasta que se integre a la masa. (Fotos 1 y 2.)

3. Agregue la harina de trigo, la sal y el polvo para hornear y continúe batiendo delicadamente hasta obtener una masa homogénea, lisa y brillante; evite trabajar demasiado la mezcla.

Terminado

1. Engrase y enharine los moldes para mantecadas. Precaliente el horno a 180 °C.

2. Vacíe la masa en la jarra y viértala en las cavidades de los moldes hasta llenar ¾ partes de su capacidad. Colóquelos sobre las charolas para hornear. (Foto 3.)

3. Hornee los panqués durante 20 minutos o hasta que se doren ligeramente. Retírelos del horno y déjelos enfriar sobre la rejilla por 10 minutos.

4. Desmolde los panqués y barnice los copetes de los encuerados con glaseado de chabacano.

GARIBALDI

Rendimiento: 35 garibaldis — **Preparación:** 45 min — **Cocción:** 18 min

Material: moldes para mantecadas, manga pastelera, rejilla, brocha, capacillos

Masa

300 g de mantequilla cortada en cubos, a temperatura ambiente

400 g de azúcar

400 g de huevos

420 ml de leche

100 ml de aceite

750 g de harina de trigo

25 g de fécula de maíz

15 g de polvo para hornear

Terminado

200 g de glaseado de chabacano (ver pág. 171)

200 g de grageas blancas

Masa

1. Suavice la mantequilla con una espátula en un tazón o en la batidora eléctrica con el aditamento de pala. Agregue el azúcar y bata hasta obtener una preparación tersa y esponjosa.

2. Agregue los huevos uno por uno, batiendo cada uno hasta incorporarlo a la mezcla antes de añadir el siguiente. Vierta la leche y bata nuevamente hasta incorporarla; añada de la misma forma el aceite. (Foto 1.)

3. Cierna sobre un tazón la harina de trigo con la fécula de maíz y el polvo para hornear y agréguela a la mezcla de mantequilla y huevos. Bata hasta obtener una masa homogénea de color uniforme y sin grumos. (Foto 2.)

Terminado

1. Engrase y enharine el molde para mantecadas. Precaliente el horno a 170 °C.

2. Introduzca la masa en la manga pastelera y distribúyala en cada cavidad del molde hasta llenar ¾ partes de su capacidad. (Foto 3.)

3. Hornee los panqués durante 18 minutos o hasta que se doren ligeramente. Retírelos del horno y déjelos enfriar sobre la rejilla antes de desmoldarlos para evitar que se desmoronen.

4. Caliente el glaseado de chabacano en el microondas o en una cacerola pequeña. Barnice los panqués con el glaseado con ayuda de la brocha y cúbralos con las grageas blancas. Coloque los garibaldis en los capacillos.

MANTECADA

Rendimiento: 30 mantecadas — **Preparación:** 30 min — **Cocción:** 20 min

Material: jarra con pico, moldes para mantecadas con capacillos, charolas para hornear, rejilla

250 g de huevos

250 g de azúcar

120 ml de leche

240 ml de aceite

250 g de harina de trigo

5 g de sal

5 g de polvo para hornear

1. Precaliente el horno a 180 °C.
2. Preparare la masa siguiendo el mismo procedimiento que la masa del encuerado (ver pág. 30).
3. Vacíe la masa en la jarra con pico y distribúyala dentro de los capacillos, dejando un espacio libre antes de llegar al borde. Coloque los moldes sobre las charolas.
4. Hornee las mantecadas durante 20 minutos o hasta que se doren ligeramente. Retírelas del horno y déjelas enfriar por completo sobre la rejilla antes de desmoldarlas.

MARQUESOTE

Rendimiento: 2 marquesotes / 10 porciones — **Preparación:** 40 min — **Cocción:** 20 min
Material: 2 latas grandes de sardinas

240 g de claras

160 g de yemas

200 g de azúcar

220 g de harina de trigo

15 g de polvo para hornear

100 g de mantequilla derretida, a temperatura ambiente

1. Engrase y enharine las latas de sardinas. Precaliente el horno a 175 °C.

2. Bata las claras a punto de nieve en un tazón o en una batidora eléctrica; añada las yemas una por una, sin dejar de batir, y agregue la mitad del azúcar. (Foto 1.)

3. Cierna la harina de trigo con el polvo para hornear y mezcle el azúcar restante. Incorpore con movimientos envolventes esta mezcla a los huevos batidos; evite trabajarla demasiado para que conserve el máximo de aire. (Foto 2.)

4. Coloque la mantequilla derretida en un recipiente pequeño y mézclela con un poco de la preparación de huevos batidos y harina. Incorpórela con movimientos envolventes al resto de la preparación de huevos batidos.

5. Rellene las latas de sardinas con la mezcla hasta ¾ partes de su capacidad. (Foto 3.)

6. Hornee inmediatamente durante 20 minutos o hasta que la superficie del marquesote esté ligeramente dorada y que al tocarla se sienta firme.

7. Retire los marquesotes del horno y déjelos enfriar por completo. Desmóldelos y córtelos en rebanadas con un cuchillo de sierra.

PAN DE ELOTE

Rendimiento: 2 panes / 10 porciones — **Preparación:** 15 min — **Cocción:** 20 min

Material: molde para pastel de 25 cm de diámetro o 2 latas grandes de sardinas, rejilla

3 elotes tiernos desgranados	150 g de huevos
130 g de azúcar	140 g de mantequilla
30 ml de leche	10 g de polvo para hornear

1. Engrase y enharine el molde para pastel o las latas de sardinas. Precaliente el horno a 170 °C.

2. Licue todos los ingredientes hasta obtener una mezcla homogénea de consistencia semilíquida.

3. Vacíe la mezcla en el molde o latas y hornee durante 20 minutos o hasta que el pan esté ligeramente dorado y se sienta firme. Retírelo del horno, déjelo enfriar sobre la rejilla y desmóldelo.

PANQUÉ DE NATA

Rendimiento: 1 panqué / 12 porciones — **Preparación:** 35 min — **Cocción:** 40 min

Material: 1 molde para panqué, rejilla

300 g de nata

300 g de azúcar
+ c/s para decorar

120 g de yemas

300 g de harina
de trigo

10 g de polvo
para hornear

la ralladura
de 1 limón

180 g de claras

1. Engrase y enharine el molde para panqué. Precaliente el horno a 180 °C.

2. Bata en un tazón o en una batidora eléctrica la nata con el azúcar hasta que esta última se disuelva y la mezcla esté muy cremosa. Agregue las yemas, batiendo una por una hasta incorporarlas antes de añadir la siguiente.

3. Cierna la harina con el polvo para hornear sobre la mezcla de nata y yemas; agregue la ralladura del limón e incorpore todo con movimientos envolventes hasta obtener una masa tersa y sin grumos.

4. Bata las claras a punto de turrón e incorpórelas a la masa con movimientos envolventes; evite trabajar demasiado la mezcla para que se conserve esponjosa.

5. Vacíe la mezcla en el molde hasta llenar ¾ partes de su capacidad y espolvoree un poco de azúcar en toda la superficie del panqué. Hornéelo durante 40 minutos o hasta que al insertar un palillo en el centro del panqué, éste salga limpio y el azúcar de la superficie haya formado una ligera costra. Retírelo del horno y déjelo enfriar por completo sobre la rejilla antes de desmoldarlo.

6. Corte el panqué de nata en rebanadas de 2.5 centímetros de grosor con un cuchillo de sierra.

REBANADA DE CHOCOLATE

Rendimiento: 18 rebanadas — **Preparación:** 45 min — **Cocción:** 30 min
Material: 1 molde para pan de caja con tapa, rejilla, charola

Masa

500 g de mantequilla

400 g de azúcar glass

180 g de yemas

10 ml de extracto de vainilla

500 g de harina de trigo

20 g de polvo para hornear

20 g de leche en polvo

270 g de claras

Terminado

300 g de chocolate amargo
derretido

Masa

1. Suavice la mantequilla en un tazón. Agregue el azúcar glass y bata hasta obtener una preparación tersa y esponjosa. Añada las yemas, batiendo una por una hasta incorporarlas antes de añadir la siguiente; agregue el extracto de vainilla. (Ver foto 1 de Garibaldi, pág. 33.)

2. Cierna sobre un tazón la harina de trigo con el polvo para hornear y la leche en polvo y agregue estos ingredientes a la mezcla de mantequilla y yemas, batiéndolos hasta obtener una masa sin grumos, de color uniforme. (Ver foto 2 de Garibaldi, pág. 33.)

4. Bata las claras a punto de turrón e incorpórelas con movimientos envolventes a la preparación hasta obtener una masa homogénea.

Terminado

1. Engrase y enharine el molde para pan de caja. Precaliente el horno a 180 °C.

2. Vacíe la masa en el molde hasta llenar ¾ partes de su capacidad y tápelo. Hornee durante 30 minutos o hasta que al insertar un palillo en el centro del panqué, éste salga limpio. Retírelo del horno y déjelo enfriar sobre la rejilla.

3. Desmolde el panqué, colóquelo sobre la rejilla y ponga ésta sobre la charola; bañe el panqué con el chocolate derretido hasta cubrir toda la superficie y los costados con una capa gruesa. Recupere el chocolate de la charola, si es necesario, caliéntelo unos segundos en el microondas o a baño maría y bañe de nuevo el panqué. Deje que el chocolate se enfríe y endurezca.

4. Corte el panqué en rebanadas de 2.5 centímetros de ancho con un cuchillo de sierra.

Masas hojaldradas

Masa hojaldre 44

Banderilla 47

Bolita de queso 48

Broca 48

Campechana 50

Conde 52

Cono de crema 53

Oreja 54

Paloma 57

Peine 58

Trenza de hojaldre 61

MASA HOJALDRE

Rendimiento: 2.3 kg — **Preparación:** 1 h 50 min — **Reposo:** 3 h 30 min
Material: rodillo

Masa

1 kg de harina de trigo

15 g de sal

100 g de mantequilla
cortada en cubos, a
temperatura ambiente

550 ml de agua

Empaste

650 g de mantequilla fría

Masa

1. Forme un volcán con la harina de trigo y la sal sobre una mesa de trabajo. Haga un orificio en el centro, coloque dentro la mantequilla y suavícela con las manos. Agregue un poco de agua al centro y comience a incorporar la harina alrededor. Vierta el resto del agua poco a poco, mezclando hasta obtener una masa homogénea que se despegue de la mesa; no es necesario trabajar la masa hasta que esté elástica. Forme una esfera.

2. Enharine ligeramente la mesa de trabajo, coloque encima la esfera de masa, espolvoréela con un poco de harina y cúbrala con una bolsa de plástico. Déjela reposar durante 30 minutos.

Empaste

1. Suavice la mantequilla y forme con ella un rectángulo (ver pág. 23).

2. Retire la bolsa de plástico y realice dos incisiones entrecruzadas y poco profundas en la superficie. Estire las orillas de cada corte hacia los lados para obtener una cruz; extienda la masa con el rodillo para adelgazarla, pero sin que pierda la forma lograda. (Foto 1.)

3. Coloque el rectángulo de mantequilla en el centro de la cruz y cúbralo doblando sobre él una de las orillas de masa; pase por encima del primer doblez la orilla opuesta de masa, tápela con una tercera orilla y termine de cubrir con la orilla restante. (Foto 2.)

Masa hojaldre

1. Enharine la mesa de trabajo y coloque encima la masa; golpéela ligeramente con el rodillo hasta formar un rectángulo. Espolvoree la masa con un poco más de harina y extiéndala verticalmente con el rodillo hasta obtener un rectángulo alargado con un grosor uniforme de 1 centímetro. La masa debe de estirarse con facilidad sobre la mesa; de no ser así, espolvoree la masa con un poco más de harina por ambos lados. (Foto 3.)

2. Divida la masa imaginariamente en tres partes horizontales iguales. Doble la parte superior hacia abajo cubriendo por completo la parte central; luego, doble la parte inferior hacia arriba encima del primer doblez. A este procedimiento se le conoce como doblez sencillo o vuelta sencilla. (Foto 4.)

3. Enharine nuevamente la mesa de trabajo. Gire la masa 90° hacia el lado izquierdo y estírela hasta obtener un rectángulo alargado de 1 centímetro de grosor. Realice otro doblez sencillo para obtener una segunda vuelta. Cubra la masa con una bolsa de plástico y déjela reposar en refrigeración durante 1 hora como mínimo. (Foto 5.)

4. Saque la masa del refrigerador, retire la bolsa de plástico y enharine nuevamente la mesa de trabajo. Gire otra vez la masa 90° hacia el lado izquierdo a partir de la última posición, estírela y realice un tercer doblez sencillo. Gírela de nuevo, extiéndala una vez más y realice un cuarto doblez. Cubra nuevamente la masa con la bolsa y déjela reposar en refrigeración durante 1 hora. Ésta será la cuarta vuelta.

5. Efectúe 2 dobleces más para obtener 6 vueltas en total. Cubra la masa nuevamente con la bolsa de plástico para evitar que se reseque y déjela reposar en refrigeración durante 1 hora como mínimo antes de utilizarla. (Foto 6.)

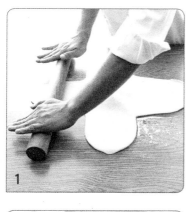

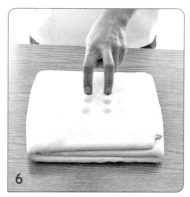

BANDERILLA

Rendimiento: 30 banderillas — **Preparación:** 30 min — **Reposo:** 35 min — **Cocción:** 25 min

Material: rodillo, charolas para hornear cubiertas con papel siliconado, brocha, rejilla

1 receta de masa hojaldre (ver pág. 44)

c/s de aceite

200 g de azúcar

1. Precaliente el horno a 200 °C. Corte la masa hojaldre en 2 partes iguales.

2. Espolvoree una mesa de trabajo con muy poca harina y extienda las masas con el rodillo hasta formar 2 rectángulos de ½ centímetro de grosor.

3. Corte rectángulos de 4 × 15 centímetros y colóquelos sobre las charolas. Déjelos reposar durante 35 minutos como mínimo.

4. Barnice cada rectángulo con un poco de aceite y espolvoréelos con suficiente azúcar. Horquéelos durante 10 minutos, baje la temperatura del horno a 180 °C y continúe la cocción durante 15 minutos más o hasta que la superficie de las banderillas esté caramelizada y el cuerpo dorado y seco.

5. Saque las banderillas del horno y déjelas enfriar sobre la rejilla.

BOLITA DE QUESO

Rendimiento: 40 bolitas — **Preparación:** 40 min — **Reposo:** 1 h — **Cocción:** 35 min

Material: rodillo, charolas para hornear cubiertas de papel siliconado, brocha, rejilla

1 kg de masa hojaldre
(ver pág. 44)

400 g de queso crema

c/s de brillo de huevo
(ver pág. 170)

c/s de azúcar

1. Espolvoree una mesa de trabajo con muy poca harina y extienda la masa hojaldre con el rodillo hasta formar un rectángulo de 3 milímetros de grosor. Córtela en 40 cuadros de 10 centímetros por lado.

2. Distribuya el queso crema en el centro de cada cuadro y doble las cuatro puntas de los cuadros hacia el centro, por encima del queso. Deles la vuelta y bolee cada porción.

3. Coloque las bolitas sobre las charolas para hornear y barnícelas con brillo de huevo. Espolvoréelas con azúcar y déjelas reposar durante 1 hora.

4. Precaliente el horno a 160 °C.

5. Hornee las bolitas durante 35 minutos o hasta que estén bien cocidas. Sáquelas del horno y déjelas enfriar sobre una rejilla.

BROCA

Rendimiento: 20 brocas — **Preparación:** 30 min — **Reposo:** 30 min — **Cocción:** 20 min

Material: rodillo, charolas para hornear cubiertas con papel siliconado, rejilla

½ receta de masa hojaldre (ver pág. 44)

c/s de azúcar

1. Espolvoree una mesa de trabajo con muy poca harina y extienda la masa hojaldre con el rodillo hasta formar un rectángulo de ½ centímetro de grosor.

2. Corte el rectángulo en tiras de 3 × 20 centímetros. Tuerza cada tira sobre sí misma, sujetando una punta con una mano y girando el extremo contrario con la otra; deberá obtener una figura similar a la broca de taladro.

Coloque las brocas sobre las charolas y déjelas reposar durante 30 minutos como mínimo.

3. Precaliente el horno a 170 °C.

4. Hornee las brocas durante 20 minutos o hasta que la masa esté ligeramente dorada. Sáquelas del horno, revuélquelas en suficiente azúcar y déjelas enfriar sobre la rejilla.

CAMPECHANA

Rendimiento: 40 campechanas — **Preparación:** 1 h 30 min — **Reposo:** 1 h — **Cocción:** 30 min

Material: rodillo, palote delgado, charolas para hornear, rejilla

Masa

1 kg de harina de trigo

40 g de azúcar

10 g de sal

15 g de malta

600 ml de agua

40 g de manteca vegetal

Empaste

400 g de manteca vegetal

400 g de harina de trigo

Terminado

c/s de manteca vegetal

c/s de azúcar

Masa

1. Mezcle en un tazón de batidora la harina con el azúcar, la sal y la malta. Agregue el agua y la manteca vegetal y bata hasta obtener una masa más elástica que el punto de media.

2. Divida la masa en 2 porciones iguales, boléelas y envuélvalas en plástico adherente. Déjelas reposar durante 30 minutos.

Empaste

1. Acreme con las manos la manteca vegetal junto con la harina de trigo.

2. Espolvoree una mesa de trabajo con poca harina y extienda en ella una de las porciones de masa con el rodillo hasta formar un cuadrado de ½ centímetro de grosor. Unte la mitad de la mezcla de manteca vegetal y harina sobre toda la superficie del cuadrado. (Foto 1.)

3. Coloque un palote muy delgado encima de la orilla superior del cuadrado y pegue la masa al palote; jale la masa ligeramente hacia arriba para estirarla algunos centímetros y cubra con ella el palote. Gire el palote hacia abajo para comenzar a enrollar la masa en éste y continúe de esta manera hasta que toda la masa esté enrollada. (Foto 2.)

4. Levante de la mesa una de las puntas del rodillo y empuje la masa hacia abajo para sacarla del rodillo y obtener un rollo de masa. Déjelo reposar durante 30 minutos. Repita los pasos 2 a 4 con la porción de masa y empaste restantes. (Foto 3.)

Terminado

1. Precaliente el horno a 180 °C y engrase las charolas para hornear.

2. Estire a lo largo los rollos de masa con las manos, lo más

   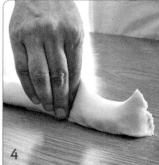

largo que sea posible sin que se rompan. Córtelos en porciones de 8 centímetros de largo pellizcando la masa con los dedos pulgar e índice y colóquelas sobre las charolas. (Foto 4.)

3. Acreme un poco de manteca vegetal con las manos. Estire con las yemas de los dedos cada porción de masa, untándolas con un poco de la manteca, hasta obtener rectángulos muy delgados; realice este paso delicadamente para no romper la membrana superior de la campechana. (Foto 5.)

4. Espolvoree las campechanas con un poco de azúcar y hornéelas durante 30 minutos o hasta que estén ligeramente doradas y crujientes. Retírelas del horno y déjelas enfriar sobre la rejilla.

CONDE

Rendimiento: 40 condes — **Preparación:** 40 min — **Reposo:** 30 min — **Cocción:** 25 min

Material: rodillo, espátula, cuchillo afilado o cortador para pizza, charolas para hornear cubiertas con papel siliconado, rejilla

1 receta de masa hojaldre (ver pág. 44)

1 receta de glaseado real (ver pág. 170)

1. Espolvoree una mesa de trabajo con muy poca harina y extienda la masa hojaldre con el rodillo hasta obtener un rectángulo de ½ centímetro de grosor.

2. Vacíe el glaseado real sobre el rectángulo de masa y extiéndalo por toda la superficie con la espátula hasta obtener una capa de 1 milímetro de grosor. Deje secar el glaseado por 3 minutos.

3. Corte la masa en rectángulos de 4 × 12 centímetros con el cuchillo o el cortador para pizza; deberá limpiar el cu-

chillo o el cortador con un trapo limpio y húmedo después de cada corte. Coloque los rectángulos sobre las charolas y déjelos reposar durante 30 minutos.

4. Precaliente el horno a 170 °C.

5. Hornee los condes durante 25 minutos o hasta que la masa esté ligeramente dorada y el glaseado tenga un color café pálido. Retírelos del horno y déjelos enfriar sobre la rejilla.

CONO DE CREMA

Rendimiento: 35 conos de crema — **Preparación:** 40 min — **Reposo:** 30 min — **Cocción:** 25 min

Material: conos de metal, rodillo, cortador para pizza, charolas para hornear cubiertas con papel siliconado, brocha, rejilla, manga pastelera con duya

1 receta de masa hojaldre
(ver pág. 44)

1 receta de crema
pastelera (ver pág. 170)

c/s de brillo de huevo
(ver pág. 170)

c/s de azúcar glass

1. Precaliente el horno a 180 °C. Engrase con mantequilla el exterior de los conos de metal.

2. Espolvoree una mesa de trabajo con muy poca harina y extienda la masa hojaldre con el rodillo hasta obtener un rectángulo de ½ centímetro de grosor.

3. Corte el rectángulo en tiras de 2 centímetros de ancho con la ayuda del cortador para pizza.

4. Enrolle cada tira de masa alrededor de los conos metálicos comenzando desde la punta hacia el extremo más ancho. Colóquelos sobre las charolas con el cierre de la masa hacia abajo, barnícelos con el brillo de huevo y déjelos reposar durante 30 minutos.

5. Hornee los conos por 20 minutos, saque las charolas del horno y separe delicadamente los conos de metal de la masa. Continúe horneando los conos de masa hasta que se doren ligeramente. Retírelos del horno y déjelos enfriar sobre la rejilla.

6. Bata la crema pastelera con un batidor globo, introdúzcala en la manga con duya y rellene los conos. Espolvoréelos con azúcar glass y sírvalos.

OREJA

Rendimiento: 24 orejas — **Preparación:** 35 min — **Reposo:** 1 h — **Cocción:** 35 min
Material: rodillo, charolas para hornear cubiertas con papel siliconado, rejilla

c/s de azúcar

1 receta de masa hojaldre
(ver pág. 44)

1. Espolvoree una mesa de trabajo con un poco de azúcar, coloque encima la masa hojaldre y espolvoréela con más azúcar. Extiéndala con el rodillo hasta formar un rectángulo; espolvoréela nuevamente con azúcar por ambos lados y pase por encima el rodillo, presionando ligeramente para que el azúcar se adhiera bien a la masa. Continúe extendiendo la masa hasta obtener un rectángulo de 6 milímetros de grosor. Espolvoree la masa una vez más con azúcar por ambos lados.

2. Divida imaginariamente el rectángulo de masa por la mitad a lo largo; doble las dos orillas hacia el centro del rectángulo y pase el rodillo por todo lo largo de la unión, presionando ligeramente. (Fotos 1 y 2.)

3. Doble el rectángulo de masa por la mitad a lo largo y córtelo en rebanadas de 1 centímetro de grosor. (Foto 3.)

4. Coloque las orejas sobre las charolas dejando un espacio de 5 centímetros entre cada una para evitar que se peguen. Déjelas reposar durante 1 hora. Precaliente el horno a 170 °C.

5. Hornee las orejas durante 15 minutos o hasta que hayan crecido hacia los lados; suba la temperatura del horno a 200 °C y continúe la cocción por 10 minutos más; voltee las orejas y hornéelas por 10 minutos más para obtener un dorado uniforme. Retírelas del horno y déjelas enfriar sobre la rejilla.

PALOMA

Rendimiento: 25 palomas — **Preparación:** 25 min — **Reposo:** 1 h — **Cocción:** 25 min

Material: rodillo, charolas para hornear cubiertas con papel siliconado, rejilla

1 receta de masa hojaldre
(ver pág. 44)

c/s de azúcar

1. Espolvoree una mesa de trabajo con un poco de harina y extienda la masa hojaldre con el rodillo hasta obtener un grosor de ½ centímetro.

2. Corte la masa en triángulos de 12 centímetros por lado, colóquelos sobre las charolas y déjelos reposar durante 1 hora.

3. Precaliente el horno a 170 °C.

4. Hornee las palomas por 25 minutos o hasta que crezcan y la base esté dorada. Sáquelas del horno, revuélquelas en azúcar y déjelas enfriar sobre la rejilla.

PEINE

Rendimiento: 40 peines — **Preparación:** 45 min — **Reposo:** 30 min — **Cocción:** 25 min
Material: rodillo, manga pastelera, charolas para hornear cubiertas con papel siliconado, brocha, rejilla

1 receta de masa
hojaldre (ver pág. 44)

c/s de mermelada de
frambuesa

c/s de brillo de huevo
(ver pág. 170)

c/s de glaseado de
chabacano (ver pág. 171)

1. Espolvoree una mesa de trabajo con un poco de harina y extienda la masa hojaldre con el rodillo hasta obtener un grosor de ½ centímetro. Corte la masa en rectángulos de 10 × 15 centímetros.

2. Rellene la manga pastelera con mermelada de frambuesa. Distribuya un poco de mermelada en el centro y a lo largo de cada rectángulo y barnice los bordes con el brillo de huevo. (Foto 1.)

3. Doble cada rectángulo encima de la mermelada y presione las orillas para sellarlas. (Foto 2.)

4. Realice pequeñas incisiones con un cuchillo en la orilla contraria al cierre de cada rectángulo, separadas por 1 centímetro. Jale los extremos de cada pan hacia abajo para darles una forma curva. (Foto 3.)

5. Coloque los peines en las charolas, barnícelos con el brillo de huevo y déjelos reposar durante 30 minutos. Precaliente el horno a 180 °C.

6. Hornee los peines por 25 minutos o hasta que estén ligeramente dorados. Sáquelos del horno, barnícelos con un poco de glaseado de chabacano y déjelos enfriar sobre la rejilla.

Puede elaborar los peines sustituyendo la masa hojaldre por masa de danés (ver pág. 126); siga el mismo procedimiento para elaborarlos, sustituyendo la mermelada de frambuesa por crema pastelera.

TRENZA DE HOJALDRE

Rendimiento: 1 trenza / 10 porciones — **Preparación:** 40 min — **Cocción:** 40 min
Material: rodillo, brocha, charola para hornear cubierta con papel siliconado, rejilla

1 receta de masa hojaldre
(ver pág. 44)

c/s de brillo de huevo (ver pág. 170)

190 g de queso crema suavizado

200 g de ate de membrillo cortado
en rebanadas delgadas

c/s de glaseado de chabacano,
caliente (ver pág. 171)

1. Precaliente el horno a 170 °C.

2. Espolvoree una mesa de trabajo con un poco de harina y extienda la masa hojaldre con el rodillo hasta obtener un rectángulo de 30 × 40 centímetros con un grosor de ½ centímetro. Acomode de forma vertical el rectángulo sobre la mesa.

3. Divida imaginariamente el rectángulo en 3 bandas a lo ancho; doble las orillas de los extremos tomando como guía las líneas imaginarias, presione ligeramente y desdoble para marcar los pliegues.

4. Haga un corte horizontal de 1 centímetro de ancho en el extremo inferior de la banda derecha. Continúe realizando cortes paralelos al primero y separados por 1 centímetro hasta llegar a la parte superior del rectángulo. Repita este procedimiento en la banda contraria. (Foto 1.)

5. Barnice con un poco de brillo de huevo las tiras que formó en las bandas de los extremos. Cubra la banda central con el queso crema y distribuya encima las rebanadas de ate de membrillo.

6. Doble hacia la banda central la tira inferior de la banda izquierda, colocándola de forma diagonal encima del relleno; doble la tira inferior del lado opuesto de la misma manera pasándola por encima de la primera tira doblada. Continúe doblando e intercalando las tiras hasta llegar a la parte superior de la trenza; doble hacia atrás el exceso de masa. (Fotos 2 y 3.)

7. Coloque la trenza sobre la charola y barnícela con un poco de brillo de huevo. Hornéela durante 40 minutos o hasta que la base de la trenza esté dorada. Retírela del horno, barnícela con glaseado de chabacano y déjela enfriar sobre la rejilla.

Masas fermentadas

Masa de bizcocho	64
Acambarita	66
Bolillo	69
Borrachito	70
Calvo	71
Cemita	73
Chilindrina	74
Chorreada	77
Cocol de anís	78
Colchón de naranja	79
Concha	80
Dona	83
Gordita de nata	84
Lima	86
Novia	89
Nube	90
Pambazo	90
Pan de feria	92

Pan de manteca o estirado	95
Pan de muerto	96
Pan de piloncillo y nuez	99
Pan de pulque	100
Pan de yema	103
Pan de Zacatlán	104
Pan español	104
Picón	106
Piojosa	107
Pollo	109
Rebanada	110
Rol de canela	113
Rosca de Reyes	114
Rosquilla de canela	117
Telera	118
Trenza de dona glaseada	120
Volcán	123

MASA DE BIZCOCHO

Rendimiento: 2 kg — **Preparación:** 45 min — **Reposo:** 1 h

1 kg de harina de trigo

20 g de sal

20 g de levadura en polvo

300 ml de leche

400 g de huevos

240 g de azúcar

220 g de margarina cortada en cubos, a temperatura ambiente

1. Forme con la harina de trigo un volcán sobre una mesa de trabajo; haga un orificio en el centro, coloque dentro la sal y la levadura en polvo, y mézclelas con un poco de leche y de la harina del derredor. Agregue un poco más de leche y continúe incorporando el resto de la harina poco a poco. (Fotos 1, 2 y 3.)

2. Añada los huevos uno por uno, sin dejar de trabajar la masa e incorpore el resto de la leche gradualmente. Amase hasta obtener una masa homogénea y elástica que se despegue de la superficie de trabajo. (Fotos 4 y 5.)

3. Agregue poco a poco el azúcar amasando hasta que se integre por completo; incorpore la margarina de la misma forma. Trabaje la masa hasta que esté suave, firme y elástica (a punto de media o ventana). Durante este proceso ésta adquirirá una consistencia más suave; sin embargo, deberá amasarla continuamente hasta que adquiera nuevamente elasticidad sin agregar más harina. (Fotos 6 y 7.)

4. Engrase ligeramente un tazón, coloque dentro la masa y cúbralo con plástico adherente. Deje fermentar la masa a temperatura ambiente hasta que duplique su volumen.

La masa de bizcocho se utiliza como base para elaborar diferentes variedades de panes como conchas, chilindrinas, volcanes, pan de muerto, calvos, pollos, entre otros.

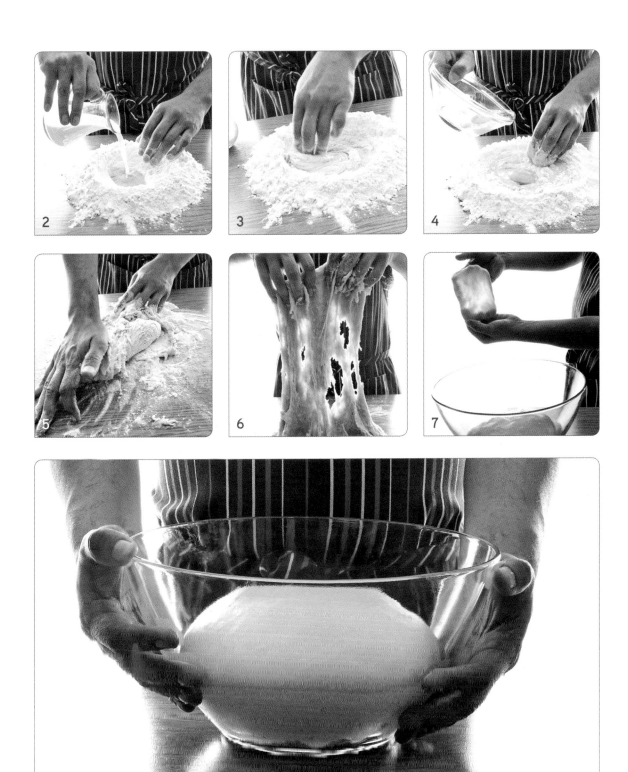

ACAMBARITA

Rendimiento: 35 acambaritas / 6 panes grandes — **Preparación:** 1 h 15 min — **Reposo:** 4 h — **Cocción:** 15 min
Material: charolas para hornear cubiertas con papel siliconado, rejilla

Masa madre

10 g de levadura en polvo

300 g de harina de trigo

300 g de agua

Masa

700 g de harina de trigo

15 g de sal

5 g de levadura en polvo

100 g de huevos

80 g de yemas

50 g de leche en polvo

5 ml de extracto de vainilla

180 g de azúcar

200 g de mantequilla

cortada en cubos pequeños, a temperatura ambiente

c/s de manteca de cerdo

Terminado

c/s de manteca de cerdo

Masa madre

1. Prepare la masa madre y déjela reposar durante 2 horas como mínimo. (Ver pág. 171.)

Masa

1. Forme con la harina de trigo un volcán sobre una mesa de trabajo y espolvoree alrededor la sal. Haga un orificio en el centro, coloque dentro la levadura en polvo y la masa madre y mézclelas con un poco de la harina del derredor.

2. Agregue los huevos, las yemas, la leche en polvo, el extracto de vainilla y la mitad del azúcar. Incorpore poco a poco el resto de la harina, amasando hasta obtener una masa homogénea y elástica que se despegue de la mesa. Añada el resto del azúcar a la masa y amásela hasta que se incorpore por completo.

3. Agregue poco a poco la mantequilla, amasando hasta que se incorpore y obtenga una masa lisa y elástica. A la mi-

tad de este paso la masa perderá consistencia, sin embargo, deberá continuar el amasado hasta que la mantequilla se incorpore por completo sin agregar más harina. (Ver fotos 6 y 7 de Masa de bizcocho, pág. 65.)

4. Forme una esfera con la masa y úntela con un poco de manteca de cerdo. Déjela fermentar a temperatura ambiente durante 1½ horas o hasta que duplique su volumen.

Terminado

1. Enharine la mesa, coloque encima la masa y pónchela. Divídala en porciones de 50 gramos y boléelas.

2. Coloque los bollos de masa en las charolas separados por algunos centímetros, aplástelos ligeramente y úntelos con un poco de manteca de cerdo; déjelos reposar durante 30 minutos. Precaliente el horno a 180 °C.

3. Hornee los panes durante 15 minutos o hasta que se doren ligeramente. Retírelos del horno y déjelos enfriar sobre una rejilla.

Variante

Las acambaritas son la versión individual del famoso pan de Acámbaro. Si desea hacer piezas grandes, siga el mismo procedimiento para hacer las acambaritas, con algunas ligeras modificaciones: divida la masa en porciones de 300 gramos y deje reposar los bollos durante 1 hora; posteriormente, realice con una navaja 3 cortes transversales poco profundos en la superficie de cada bollo, barnícelos con un poco de brillo de huevo (ver pág. 170) y déjelos reposar durante 10 minutos; barnícelos nuevamente y espolvoréelos con ajonjolí. Hornee los panes a 170 °C durante 25 minutos.

Asegúrese de retirar con delicadeza la bolsa de plástico o la manta de cielo que cubre los bollos para evitar poncharlos.

BOLILLO

Rendimiento: 18 bolillos — **Preparación:** 1 h 40 min — **Reposo:** 1 h 45 min — **Cocción:** 25 min
Material: charolas para hornear cubiertas con papel siliconado, navaja, aspersor, rejilla

Masa madre	5 g de sal	20 g de sal
5 g de levadura en polvo	200 ml de agua	15 g de levadura en polvo
200 g de harina de trigo	*Masa*	600 ml de agua
	1 kg de harina de trigo	200 g de masa madre

Masa madre

1. Prepare la masa madre, agregando la sal junto con la harina de trigo, y déjela reposar en un lugar tibio hasta que duplique su volumen. (Ver pág. 171.)

Masa

1. Forme con la harina un volcán sobre una mesa de trabajo y espolvoree alrededor la sal. Haga un orificio en el centro, coloque dentro la levadura en polvo y mézclela con un poco de agua y de la harina del derredor. Agregue el resto del agua y continúe incorporando el resto de la harina poco a poco hasta obtener una masa homogénea.

2. Incorpore poco a poco la masa madre amasando hasta obtener una masa homogénea y elástica que se despegue de la mesa de trabajo. Enharine ligeramente la mesa y deje reposar allí la masa durante 30 minutos.

Terminado

1. Ponche la masa y divídala en porciones de 110 gramos. Boléelas, cúbralas con una bolsa de plástico o manta de cielo y déjelas reposar hasta que dupliquen su volumen.

2. Retire el plástico o la manta de cielo y aplaste los bollos de masa con las yemas de los dedos. Tome uno de los bollos, levante una orilla y dóblela hacia el centro; aplaste todo el doblez con las yemas de los dedos y continúe enrollando y presionando hasta formar un rollo apretado. Adelgace los extremos del pan logrando que el centro quede más alto. Repita este procedimiento con el resto de los bollos. (Fotos 1, 2 y 3.)

3. Coloque los panes en las charolas con la unión hacia abajo, cúbralos con la bolsa de plástico o la manta de cielo para evitar que se resequen, y déjelos reposar hasta que dupliquen su volumen. Precaliente el horno a 230 °C.

4. Retire la bolsa de plástico o manta de cielo, espolvoree los panes con un poco de harina y haga una incisión poco profunda con la navaja a lo largo de cada uno. (Foto 4.)

5. Introduzca las charolas en el horno y rocíelas con un poco de agua con ayuda del aspersor. Hornee los bolillos durante 25 minutos o hasta se doren y estén firmes. Sáquelos del horno y déjelos enfriar sobre la rejilla.

BORRACHITO

Rendimiento: 40 borrachitos — **Preparación:** 1 h — **Reposo:** 1 h 15 min — **Cocción:** 20 min
Material: moldes de aluminio con forma de timbal, manga pastelera con duya lisa, rejilla, capacillos

Jarabe
500 ml de agua

500 g de azúcar

la cáscara de 1 limón

1 raja de canela

100 ml de ron añejo

Masa madre
40 g de levadura en polvo

120 ml de agua

10 g de azúcar

250 ml de leche

100 g de harina de trigo

Masa
400 g de huevos

30 g de azúcar

1 kg de harina de trigo

3 g de sal

250 ml de leche

400 g de mantequilla derretida, a temperatura ambiente

Jarabe

1. Hierva en una cacerola el agua con el azúcar, la cáscara de limón y la raja de canela durante 4 minutos. Retire el jarabe del fuego, déjelo enfriar, cuélelo y añada el ron añejo; resérvelo.

Masa madre

1. Combine en un tazón la levadura en polvo con el agua. Agregue el azúcar, la leche y la harina de trigo; mezcle hasta obtener una masa de consistencia líquida y sin grumos. Deje reposar la masa madre durante 30 minutos o hasta que duplique su volumen.

Masa

1. Precaliente el horno a 180 °C. Engrase y enharine los moldes.

2. Incorpore los huevos a la masa madre con una pala de madera; agregue el azúcar y mezcle bien. Combine la harina de trigo con la sal y agréguelas a la masa; mezcle hasta obtener una masa elástica y de poco cuerpo.

3. Añada a la masa la leche y la mantequilla derretida y mézclelas hasta que se incorporen por completo. Deberá obtener una masa con una consistencia semilíquida.

(Continúa en la pág. 172)

CALVO

Rendimiento: 30 calvos — **Preparación:** 50 min — **Reposo:** 1 h 15 min — **Cocción:** 20 min
Material: charolas para hornear cubiertas con papel siliconado, rejilla

1 receta de masa de bizcocho, fermentada (ver pág. 64)

c/s de aceite vegetal

500 g de chocolate semiamargo derretido, tibio, o 1 receta de glaseado blanco (ver pág. 170)

100 g de coco seco rallado

1. Enharine una mesa trabajo, coloque encima la masa de bizcocho, pónchela y divídala en porciones de 80 gramos. Déjela reposar durante 10 minutos.

2. Bolee las porciones de masa, colóquelas sobre las charolas, separadas entre ellas y úntelas con un poco de aceite vegetal presionándolas para aplastarlas ligeramente; déjelas fermentar durante 1 hora o hasta que hayan duplicado su volumen. Precaliente el horno a 180 °C

3. Hornee los panes durante 20 minutos o hasta que estén ligeramente dorados. Sáquelos del horno y déjelos enfriar sobre la rejilla.

4. Sumerja la parte superior de los panes en el chocolate derretido o en el glaseado blanco, retírelos lentamente y colóquelos nuevamente sobre la rejilla; retire con el dedo índice el exceso de chocolate o de glaseado del borde inferior de los panes. Espolvoree las orillas de cada calvo con un poco del coco seco rallado y déjelos secar.

CEMITA

Rendimiento: 25 cemitas — **Preparación:** 1 h 30 min — **Reposo:** 1 h 25 min — **Cocción:** 20 min
Material: charolas para hornear cubiertas con papel siliconado, brocha, rejilla

Atole de trigo

150 g de harina de trigo

300 ml de agua

10 g de azúcar

½ huevo

Masa

2 kg de harina de trigo

60 g de levadura en polvo

12 g de mejorante para pan

1.2 – 1.4 l de agua

30 g de sal

60 g de azúcar

100 g de granillo de trigo

c/s de ajonjolí

Atole de trigo

1. Mezcle todos los ingredientes hasta obtener una preparación homogénea, sin grumos y con una consistencia ligeramente espesa.

Masa

1. Mezcle la harina de trigo con la levadura en polvo y el mejorante para pan. Forme un volcán con esta mezcla sobre una mesa de trabajo, agregue un poco de agua, la sal y el azúcar, y comience a incorporar todos los ingredientes con las yemas de los dedos.

2. Trabaje la masa incorporando gradualmente la cantidad de agua necesaria para obtener una masa homogénea, de consistencia firme y elástica; déjela reposar durante 10 minutos. Divida la masa en porciones de 80 gramos, boléelas y déjelas reposar durante 15 minutos.

3. Divida imaginariamente uno de los bollos de masa en tres partes iguales, presione con la mano la unión imaginaria de una tercera parte de la masa como si fuera a separarla de la masa, pero consérvela unida al resto. De-

berá obtener una figura compuesta por una esfera pequeña unida a una esfera grande. Repita este paso con el resto de los bollos de masa y déjelos reposar durante 30 minutos. (Foto 1.)

4. Coloque el granillo de trigo sobre la mesa y presione contra él una de las figuras de masa. Dé una vuelta completa sobre sí misma a la esfera pequeña; jálela ligeramente, sin separarla de la grande, y colóquela encima de la esfera grande, en la parte central. Voltee la figura de masa para que la esfera chica quede por debajo; presiónela contra la mesa, y voltéela nuevamente. Repita este procedimiento con el resto de las figuras de masa. (Foto 2.)

5. Coloque las figuras de masa sobre las charolas, barnícelas con el atole de trigo y espolvoréelas con ajonjolí. Déjelas reposar durante 30 minutos o hasta que dupliquen su volumen. Precaliente el horno a 180 °C. (Foto 3.)

6. Hornee las cemitas durante 20 minutos o hasta que estén ligeramente doradas. Sáquelas del horno y déjelas enfriar sobre la rejilla.

CHILINDRINA

Rendimiento: 30 chilindrinas — **Preparación:** 1 h 40 min — **Reposo:** 5 h — **Cocción:** 48 min
Material: charolas para hornear cubiertas con papel siliconado, rejilla

Cobertura para chilindrinas

200 g de harina de trigo

200 g de azúcar glass

180 g de mantequilla cortada en cubos pequeños, a temperatura ambiente

20 g de manteca de cerdo

Cobertura de azúcar

200 g de azúcar

c/s de agua

Masa

1 kg de harina de trigo

16 g de sal

25 g de levadura en polvo

600 ml de leche

200 g de huevos

180 g de azúcar

190 g de mantequilla cortada en cubos, a temperatura ambiente

Terminado

c/s de manteca vegetal

Cobertura para chilindrinas

1. Cierna la harina de trigo con el azúcar glass en un tazón. Agregue la mantequilla y la manteca de cerdo y mezcle con las manos hasta obtener una masa tersa y homogénea. Cúbrala con plástico adherente y resérvela.

Cobertura de azúcar

1. Precaliente el horno a 100 °C.

2. Coloque el azúcar en un tazón y agregue algunas gotas de agua para humedecerlo; debe obtener una consistencia desmoronable pero que al presionarla forme terrones.

3. Coloque el azúcar humedecido en una charola, presiónela y extiéndala hasta formar una capa de ½ centímetro de grosor. Hornéela durante 30 minutos. Sáquela del horno y déjela secar por completo. Rompa el terrón de azúcar en trozos pequeños y resérvelos.

Masa

1. Elabore la masa siguiendo el procedimiento de la masa de bizcocho (ver pág. 64); sustituya la margarina por la mantequilla. Deje reposar la masa en refrigeración durante 4 horas, o a temperatura ambiente hasta que duplique su volumen.

Terminado

1. Enharine una mesa de trabajo, coloque encima la masa, pónchela y divídala en porciones de 70 gramos. Déjelas reposar durante 10 minutos. Boléelas y colóquelas en las charolas separadas por algunos centímetros.

2. Aplaste ligeramente cada bollo de masa con las palmas de las manos, acreme un poco de manteca vegetal con la manos y úntela sobre cada uno. (Foto 1.)

3. Espolvoree un poco de harina en la mesa, coloque encima la cobertura para chilindrinas y amásela. Forme con ella esferas de 3 centímetros de diámetro y aplánelas con las manos ligeramente enharinadas para obtener discos delgados. (Ver foto 2 de Concha, pág. 80.)

4. Coloque los discos de cobertura sobre cada bollo de masa y presiónelos ligeramente con las manos para cubrir bien toda la superficie de los bollos. Espolvoree la cobertura de azúcar sobre los bollos y presione ligeramente con la palma de las manos para que los terrones se adhieran. (Fotos 2 y 3.)

5. Deje reposar los bollos de masa hasta que dupliquen su volumen. Precaliente el horno a 170 °C.

6. Hornee las chilindrinas durante 18 minutos o hasta que la base esté dorada. Retírelas del horno y déjelas enfriar sobre la rejilla.

> *Otra manera de elaborar la cobertura de azúcar es dejar reposar el azúcar humedecido en la charola a temperatura ambiente durante 2 días o hasta que se seque; posteriormente, hay que romper el terrón de azúcar en trozos pequeños.*

CHORREADA

Rendimiento: 18 chorreadas — **Preparación:** 25 min — **Reposo:** 2 h — **Cocción:** 18 min
Material: rodillo, charolas para hornear cubiertas de papel siliconado, brocha, rejilla

Masa	400 ml de agua	200 g de piloncillo
1 kg de harina de trigo	40 g de levadura en polvo	*Jarabe de piloncillo*
10 g de mejorante para pan	10 g de sal	50 ml de agua
250 g de azúcar mascabado	200 g de manteca de cerdo	100 g de piloncillo troceado

Masa

1. Coloque en un tazón todos los ingredientes, excepto el piloncillo. Mézclelos y amáselos ligeramente hasta formar una masa homogénea. Transfiera la masa a la batidora eléctrica y amásela durante 5 minutos, o realice este paso a mano; en ambos casos, la masa debe quedar ligeramente elástica.

2. Coloque el piloncillo en una bolsa de plástico y golpéelo con el rodillo hasta obtener trozos pequeños. Añádalos a la masa y mézclelos durante un par de minutos o hasta que se incorporen bien. (Fotos 1 y 2.)

3. Forme una esfera con la masa, colóquela en un tazón previamente engrasado y cúbrala con plástico adherente. Déjela reposar durante 1½ horas o hasta que duplique su volumen.

Jarabe de piloncillo

1. Coloque sobre el fuego una olla con el agua y el piloncillo; cuando éste último se disuelva y obtenga un jarabe, retírelo del fuego y déjelo enfriar.

Terminado

1. Enharine ligeramente una mesa trabajo, coloque en ella la masa y divídala en porciones de 100 gramos. Boléelas, cúbralas con plástico adherente y déjelas reposar durante 10 minutos.

2. Aplaste las esferas de masa con las manos para aplanarlas un poco y colóquelas en las charolas para hornear. Déjelas fermentar durante 1 hora o hasta que dupliquen su volumen.

3. Precaliente el horno a 160°C. Barnice los discos de masa con el jarabe de piloncillo.

4. Hornee las chorreadas durante 20 minutos o hasta que estén doradas uniformemente. Retírelas del horno y déjelas enfriar sobre la rejilla.

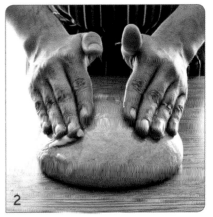

COCOL DE ANÍS

Rendimiento: 30 cocoles de anís — **Preparación:** 1 h 20 min — **Reposo:** 1 h 45 min – 4 h 45 min — **Cocción:** 25 min
Material: charolas para hornear cubiertas con papel siliconado, brocha, rejilla

Masa

350 ml de leche

12 g de semillas
de anís

1 kg de harina de trigo

12 g de sal

20 g de levadura
en polvo

250 g de huevos

180 g de azúcar

5 g de canela molida

200 g de mantequilla
cortada en cubos
pequeños, a temperatura
ambiente

Terminado

c/s de aceite

c/s de brillo de huevo
(ver pág. 170)

c/s de ajonjolí

Masa

1. Ponga sobre el fuego la leche con las semillas de anís; retírela del fuego cuando comience a hervir y déjela entibiar.

2. Elabore la masa siguiendo el procedimiento de la masa de bizcocho (ver pág. 64); añada la canela molida junto con el azúcar y sustituya la margarina por la mantequilla.

3. Engrase ligeramente un tazón, coloque dentro la masa y cúbralo con plástico adherente. Deje reposar la masa en refrigeración o a temperatura ambiente hasta que duplique su volumen.

Terminado

1. Enharine la mesa de trabajo, coloque encima la masa, pónchela y divídala en porciones de 60 gramos. Boléelas y úntelas con un poco de aceite para evitar que se resequen; déjelas reposar durante 15 minutos.

2. Aplaste ligeramente los bollos de masa y jale hacia afuera los bordes para formar un pan plano en forma de óvalo. Colóquelos sobre las charolas, barnícelos con brillo de huevo y espolvoréelos con un poco de ajonjolí.

3. Deje reposar los óvalos de masa durante 30 minutos o hasta que dupliquen su volumen. Precaliente el horno a 180 °C.

4. Hornee los cocoles de anís durante 25 minutos. Retírelos del horno y déjelos enfriar sobre la rejilla.

COLCHÓN DE NARANJA

Rendimiento: 50 colchones de naranja — **Preparación:** 1 h — **Reposo:** 1 h 50 min – 4 h 50 min — **Cocción:** 25 min
Material: 2 moldes cuadrados de 25 cm, rejilla

1 kg de harina de trigo	100 g de yemas
15 g de sal	30 ml de licor de naranja
20 g de levadura en polvo	230 g de mantequilla cortada en cubos, a temperatura ambiente + c/s para engrasar
400 ml de leche	
200 g de azúcar	la ralladura de 3 naranjas

1. Forme con la harina un volcán sobre una mesa de trabajo y espolvoree alrededor la sal. Haga un orificio en el centro, coloque dentro la levadura en polvo y mézclela con un poco de leche y de la harina del derredor.

2. Agregue el azúcar y continúe incorporando la harina poco a poco; añada gradualmente la mitad de la leche y las yemas, mezclando todos los ingredientes hasta que se incorporen por completo. Añada el licor de naranja y la mantequilla, y amase hasta obtener una masa homogénea.

3. Integre el resto de la leche poco a poco y la ralladura de naranja; continúe trabajando la masa hasta que se despegue de la mesa y esté elástica. Engrase un tazón, coloque dentro la masa y cúbralo con plástico adherente. Déjela fermentar en refrigeración o a temperatura ambiente hasta que duplique su volumen.

4. Enharine la mesa, coloque encima la masa y pónchela. Divídala en porciones de 30 gramos y boléelas. Acreme un poco de mantequilla con las manos y engrase ligeramente los bollos de masa; déjelos reposar durante 20 minutos.

5. Precaliente el horno a 160 °C. Engrase y enharine los moldes.

6. Acomode en los moldes los bollos de masa alineados, separados por 1 centímetro de distancia. Déjelos reposar durante 30 minutos o hasta que dupliquen su volumen.

7. Hornee los colchones durante 25 minutos o hasta que estén ligeramente dorados. Retírelos del horno, déjelos enfriar sobre la rejilla y desmóldelos.

CONCHA

Rendimiento: 30 conchas — **Preparación:** 1 h 35 min — **Reposo:** 4 h 40 min — **Cocción:** 18 min
Material: charolas para hornear cubiertas con papel siliconado, marcador de conchas, rejilla

Cobertura para conchas

200 g de harina de trigo

200 g de azúcar glass

200 g de manteca vegetal

cortada en cubos pequeños

30 g de cocoa

15 ml de extracto de vainilla

Masa

1 kg de harina de trigo

15 g de sal

25 g de levadura en polvo

550 ml de leche

200 g de huevos

15 ml de extracto de vainilla

175 g de azúcar

150 g de mantequilla cortada en cubos pequeños, a temperatura ambiente

60 g de manteca de cerdo

Cobertura para conchas

1. Cierna la harina de trigo con el azúcar glass en un tazón. Agregue la manteca vegetal y mezcle con las manos hasta obtener una masa tersa y homogénea.

2. Divida la masa en 2 porciones y colóquelas en recipientes separados; agregue a una la cocoa y a la otra el extracto de vainilla. Amase ambas masas de forma independiente hasta obtener un color uniforme en cada una. Cúbralas con plástico adherente y resérvelas. (Foto 1.)

Masa

1. Elabore la masa siguiendo el procedimiento de la masa de bizcocho (ver pág. 64); incorpore el extracto de vainilla después de agregar los huevos y sustituya la margarina por la mantequilla y la manteca de cerdo.

2. Engrase ligeramente un tazón, coloque en él la masa y cúbralo con plástico adherente. Deje reposar la masa en refrigeración durante 4 horas como mínimo.

Terminado

1. Saque la masa del refrigerador, enharine una mesa de trabajo, coloque encima la masa y pónchela. Divídala en porciones de 70 gramos y déjelas reposar durante 10 minutos. Boléelas y colóquelas en las charolas, separadas por algunos centímetros.

2. Aplaste ligeramente cada bollo de masa con las palmas de las manos, acreme un poco de manteca vegetal y úntela sobre cada uno.

3. Espolvoree un poco de harina en la mesa, coloque encima la cobertura para conchas y amásela. Forme con ella esferas de 3 centímetros de diámetro y aplánelas con las manos, ligeramente enharinadas, para obtener discos delgados. (Foto 2.)

4. Cubra los bollos de masa con los discos de cobertura y presione cada uno con el marcador de conchas para crear un diseño parecido al de una concha de mar. Déjelas reposar hasta que dupliquen su volumen. Precaliente el horno a 170 °C. (Fotos 3 y 4.)

5. Hornee las conchas durante 18 minutos o hasta que la base esté dorada. Retírelas del horno y déjelas enfriar sobre la rejilla.

Para formar las donas con los cortadores para galletas, corte círculos de masa con el cortador grande y forme el orificio central con el cortador pequeño, o bien, utilice la base de una duya grande.

DONA

Rendimiento: 30 donas — **Preparación:** 45 min — **Reposo:** 1 h 35 min — **Cocción:** 35 min

Material: rodillo, 1 cortador para donas o 2 cortadores para galletas circulares, uno de 6 cm de diámetro y el otro de 2 cm, charolas para hornear enharinadas, 1 cacerola grande poco profunda, rejilla

Masa

1 kg de harina de trigo

15 g de sal

½ cucharadita de nuez moscada molida

25 g de levadura en polvo

550 ml de agua

150 g de huevos

160 g de azúcar

160 g de mantequilla cortada en cubos pequeños, a temperatura ambiente

Terminado

c/s de aceite para freír

200 g de azúcar mezclada con 10 g de canela molida

200 g de chocolate derretido, tibio

100 g de nueces troceadas

Masa

1. Elabore la masa siguiendo el procedimiento de la masa de bizcocho (ver pág. 64); agregue la nuez moscada junto con la sal y sustituya la leche por el agua. Verifique la consistencia de la masa: si resultara muy seca, agregue un poco de agua; en cambio, si estuviera muy líquida, agregue un poco de harina. (Esta masa debe de quedar ligeramente más húmeda que una masa de bizcocho normal.) Deje fermentar la masa hasta que duplique su volumen (ver pág. 65).

Terminado

1. Enharine una mesa de trabajo, coloque encima la masa y espolvoréela con un poco de harina. Extiéndala con el rodillo hasta formar un rectángulo de 1 centímetro de grosor. (Si es necesario, agregue un poco más de harina a la mesa para evitar que la masa se pegue.)

2. Corte el rectángulo de masa con el cortador para donas o con los cortadores circulares. Coloque las donas en una charola y déjelas reposar durante 15 minutos. Amase los recortes de masa y forme con ellos una esfera. Déjela reposar durante 20 minutos y extiéndala con el rodillo para formar más donas. (Foto 1.)

3. Caliente el aceite en la cacerola hasta que alcance una temperatura de 180 °C, o hasta que al sumergir un trozo pequeño de masa se dore en 30 segundos. (Es importante controlar temperatura del aceite durante la cocción de las donas para evitar que se doren de más o queden crudas.)

4. Agregue 2 o 3 donas al aceite y fríalas por 2 minutos o hasta que el centro se dore; deles la vuelta y continúe friendo hasta que las donas se doren por ambos lados. Escúrralas y déjelas reposar sobre papel absorbente. Repita este paso con el resto de las donas. (Foto 2.)

5. Revuelque la mitad de las donas todavía calientes en la mezcla de azúcar con canela y déjelas enfriar sobre una rejilla junto con el resto de las donas. Una vez frías, sumerja en el chocolate derretido la mitad superior de las donas sin azúcar y espolvoréeles encima las nueces troceadas.

GORDITA DE NATA

Rendimiento: 20 gorditas — **Preparación:** 50 min — **Reposo:** 2 h 50 min — **Cocción:** 35 min
Material: rodillo, comal grueso, raspa metálica o espátula delgada

1 kg de harina de trigo

4 g de sal

20 g de levadura en polvo

240 ml de leche

220 g de azúcar

350 g de huevos

200 g de nata

1. Forme con la harina de trigo y la sal un volcán sobre una mesa de trabajo. Haga un orificio en el centro, coloque dentro la levadura en polvo y un poco de leche; comience a incorporar la harina del derredor con las yemas de los dedos.

2. Agregue el azúcar y un poco más de leche y continúe mezclando. Añada los huevos de uno en uno, mezclando bien el anterior antes de agregar el siguiente. Vierta el resto de la leche, agregue la nata y amase hasta incorporarlas. Continúe trabajando la masa hasta que se despegue de la mesa y esté elástica y resistente.

3. Engrase ligeramente un tazón, coloque dentro la masa y cúbralo con plástico adherente; deje fermentar la masa a temperatura ambiente hasta que duplique su volumen.

4. Enharine la mesa, coloque encima la masa, pónchela y divídala en porciones de 100 gramos; déjelas reposar durante 20 minutos.

5. Enharine los bollos de masa por ambos lados con suficiente harina y extiéndalos con el rodillo hasta obtener discos de 1 centímetro de grosor. Cúbralos con una bolsa de plástico o con una manta de cielo y déjelos reposar durante 1½ horas.

6. Caliente el comal a fuego medio durante 10 minutos. Coloque encima algunos discos de masa y cuézalos hasta que se doren por uno de sus lados. Deles la vuelta con la raspa o la espátula y deje que se doren por el otro lado. Retire las gorditas del comal y envuélvalas en un trapo de cocina para conservarlas calientes. Repita este paso con el resto de los discos de masa.

LIMA

Rendimiento: 30 limas — **Preparación:** 1 h 45 min — **Reposo:** 4 h 35 min — **Cocción:** 18 min
Material: charolas para hornear cubiertas con papel siliconado, rejilla

Cobertura para limas

200 g de harina de trigo

200 g de azúcar glass

200 g de manteca vegetal

2 gotas de colorante vegetal amarillo

Masa

1 kg de harina de trigo

15 g de sal

25 g de levadura en polvo

600 ml de leche

150 g de huevo

60 g de yemas

20 ml de extracto de vainilla

175 g de azúcar

200 g de mantequilla cortada en cubos pequeños, a temperatura ambiente

Terminado

c/s de manteca vegetal

la ralladura de 1 limón

Cobertura para limas

1. Cierna la harina de trigo con el azúcar glass sobre un tazón. Agregue la manteca vegetal y mezcle con las manos hasta obtener una masa tersa y homogénea. Añada las gotas de colorante y amase hasta obtener un color uniforme. Cúbrala con plástico adherente y resérvela.

Masa

1. Elabore la masa siguiendo el procedimiento de la masa de bizcocho (ver pág. 64); incorpore las yemas y el extracto de vainilla junto con los huevos, y sustituya la margarina por la mantequilla. Deje reposar la masa en refrigeración durante 4 horas, o a temperatura ambiente hasta que duplique su volumen.

Terminado

1. Enharine una mesa de trabajo, coloque encima la masa y pónchela; divídala en porciones de 70 gramos y déjelas reposar durante 5 minutos. Boléelas y colóquelas en las charolas separadas por algunos centímetros.

2. Aplaste ligeramente cada bollo de masa con las palmas de las manos, acreme un poco de manteca vegetal con la manos y úntela sobre cada uno. (Foto 1.)

3. Espolvoree un poco de harina en la mesa, coloque encima la cobertura para limas y amásela. Forme con ella esferas de 3 centímetros de diámetro y aplánelas con las manos ligeramente enharinadas para obtener discos delgados. (Ver foto 2 de Concha, pág. 80.)

1

2

3

4. Coloque los discos de cobertura sobre cada bollo de masa y presiónelos ligeramente con las manos para cubrir bien toda la superficie. Haga un orificio en el centro de cada cobertura con la parte trasera de una duya; retire todos los recortes de cobertura, júntelos, amáselos y mézclelos con la ralladura de limón. Forme pequeñas esferas con esta masa y colóquelas al centro del orificio de cada bollo. (Fotos 2 y 3.)

5. Deje reposar los panes hasta que dupliquen su volumen. Precaliente el horno a 170 °C.

6. Hornee las limas durante 18 minutos o hasta que la base esté dorada. Retírelas del horno y déjelas enfriar sobre la rejilla.

NOVIA

Rendimiento: 26 novias — **Preparación:** 50 min — **Reposo:** 45 min — **Cocción:** 15 min

Material: rodillo, charolas para hornear cubiertas con papel siliconado, rejilla

1 receta de masa de bizcocho ligeramente
más seca, fermentada (ver pág. 64)

200 g de manteca vegetal suavizada

c/s de azúcar

1. Enharine una mesa de trabajo, coloque encima la masa de bizcocho y pónchela. Divida ⅔ de la masa en porciones de 70 gramos, boléelas, colóquelas sobre las charolas, separadas por algunos centímetros, y déjelas reposar durante 30 minutos.

2. Dibuje sobre la mesa con un poco de la manteca vegetal el contorno de un rectángulo de 60 centímetros de largo por 40 de alto. Coloque al centro del rectángulo el resto de la masa y estírela con el rodillo hasta que alcance los bordes de manteca; presione bien los bordes del rectángulo de masa contra los de manteca para evitar que la masa se retraiga. (Foto 1.)

3. Unte el rectángulo de masa con 150 gramos de manteca vegetal y comience a enrollarlo por uno de los bordes laterales, jalando la masa de vez en cuando para adelgazarla; deberá obtener un rollo delgado y bien apretado. (Fotos 2 y 3.)

4. Corte el rollo en rebanadas de 1 centímetro de grosor. Unte con un poco de manteca vegetal cada porción de masa que dejó reposar en las charolas, presionando los bordes ligeramente. Coloque encima de cada una, una rebanada de rollo; presiónela hacia abajo para que se adhiera y tome la forma del bollo. (Foto 4.)

5. Deje fermentar las novias durante 40 minutos o hasta que hayan duplicado su volumen. Precaliente el horno a 180 °C.

6. Hornee las novias durante 15 minutos o hasta que estén doradas. Sáquelas del horno, espolvoréelas con azúcar y déjelas enfriar sobre la rejilla.

NUBE

Rendimiento: 30 nubes — **Preparación:** 30 min — **Reposo:** 50 min — **Cocción:** 15 min
Material: charolas para hornear cubiertas con papel siliconado, rejilla

1 receta de masa de bizcocho, fermentada (ver pág. 64)

100 g de manteca vegetal

1 receta de cobertura para conchas color blanco (ver pág. 80)

c/s de azúcar

1. Enharine una mesa de trabajo, coloque encima la masa de bizcocho y pónchela. Divídala en porciones de 80 gramos, boléelas, colóquelas sobre las charolas y déjelas reposar durante 10 minutos.

2. Aplaste ligeramente los bordes de cada bollo de masa con las palmas de las manos, acreme un poco de la manteca vegetal y úntela sobre cada bollo.

3. Amase la cobertura para conchas sobre una mesa de trabajo y mézclela con un poco de manteca vegetal hasta obtener una masa cremosa.

4. Tome pequeñas porciones de la cobertura con los dedos, colóquelas sobre los bollos de masa y presiónelas ligeramente con la palma de la mano para que se adhieran bien.

5. Deje fermentar los bollos durante 40 minutos o hasta que dupliquen su volumen. Precaliente el horno a 170 °C.

6. Hornee las nubes durante 15 minutos o hasta que estén ligeramente doradas. Sáquelas del horno, revuélquelas en el azúcar y déjelas enfriar sobre la rejilla.

PAMBAZO

Rendimiento: 40 pambazos — **Preparación:** 1 h — **Reposo:** 1 h 10 min — **Cocción:** 20 min
Material: charolas para hornear cubiertas con papel siliconado, rejilla

2 kg de harina de trigo

50 g de levadura en polvo

12 g de mejorante para pan

1.2 – 1.4 l de agua

30 g de sal

60 g de azúcar

c/s de granillo de trigo

1. Mezcle la harina de trigo con la levadura en polvo y el mejorante para pan. Forme un volcán con esta mezcla sobre una mesa de trabajo, agregue un poco de agua, la sal y el azúcar, y comience a incorporar todos los ingredientes con las yemas de los dedos.

2. Añada gradualmente el resto del agua y amase hasta obtener una masa homogénea y elástica. Déjela reposar por 10 minutos.

3. Enharine la mesa. Divida la masa en porciones de 70 gramos, boléelas sobre la mesa, tápelas con una bolsa de plástico o una manta de cielo y déjelas reposar durante 30 minutos o hasta que dupliquen su volumen.

4. Coloque un poco de granillo de trigo sobre la mesa, ponga encima un bollo de masa, cúbralo con más granillo y aplástelo con la palma de la mano para que el granillo se adhiera a la masa. Estire la masa hacia los lados con las manos para obtener un óvalo alargado; espolvoréelo nuevamente con un poco de granillo por ambos lados y presiónelo ligeramente. Haga lo mismo con el resto de los bollos de masa.

5. Ponga los óvalos de masa sobre las charolas y déjelos reposar hasta que dupliquen su volumen. Precaliente el horno a 180 °C.

6. Hornee los pambazos durante 20 minutos o hasta que se doren ligeramente por los lados. Sáquelos del horno y déjelos enfriar sobre la rejilla.

PAN DE FERIA

Rendimiento: 1 pan de feria / 30 porciones — **Preparación:** 1 h 30 min — **Reposo:** 2 h — **Cocción:** 30 min
Material: rodillo, 1 charola grande para hornear engrasada con manteca vegetal, brocha, manga pastelera con duya delgada, rejilla

Masa

2 kg de harina de trigo
20 g de sal
30 g de levadura en polvo
100 ml de leche

400 g de huevos
50 g de mantequilla
350 g de nata
360 g de azúcar
10 ml de extracto de vainilla

Terminado

c/s de brillo de huevo (ver pág. 170)
½ receta de de crema pastelera (ver pág. 170)
c/s de ajonjolí

Masa

1. Forme con la harina un volcán sobre una mesa de trabajo y espolvoree alrededor la sal. Haga un orificio en el centro, coloque dentro la levadura en polvo, y mézclela con un poco de leche y de la harina del derredor.

2. Incorpore gradualmente el resto de la leche y los huevos al resto de la harina hasta obtener una masa. Agregue la mantequilla y la nata; continúe amasando hasta que la masa sea homogénea. Añada el azúcar y el extracto de vainilla, y trabaje la masa hasta que se despegue de la mesa y esté lisa, suave y elástica.

3. Forme una esfera con la masa, colóquela en un tazón ligeramente engrasado y déjela reposar durante 1 hora o hasta que duplique su volumen.

Terminado

1. Enharine la mesa, coloque encima la masa, pónchela y déjela reposar durante 20 minutos.

2. Estire la masa con el rodillo y córtela en tiras de 2 centímetros de grosor. Una todas las tiras por las orillas para obtener una sola tira larga. (Foto 1.)

3. Forme sobre la charola con la tira de masa una trenza, o bien, realice un diseño de zigzag cerrado sobre la charola; barnice el pan con brillo de huevo. (Foto 2.)

4. Bata la crema pastelera con un batidor globo e introdúzcala en la manga con duya. Espolvoree la superficie de la masa con el ajonjolí y decórela con la crema siguiendo la misma forma de la trenza o el mismo movimiento de zigzag. (Foto 3.)

5. Deje reposar la masa durante 40 minutos o hasta que duplique su volumen. Precaliente el horno a 170 °C.

6. Hornee el pan durante 30 minutos o hasta que se dore. Sáquelo del horno y déjelo enfriar sobre la rejilla.

PAN DE MANTECA O ESTIRADO

Rendimiento: 25 panes de manteca — **Preparación:** 1 h 20 min — **Reposo:** 1 h — **Cocción:** 35 min
Material: charolas para hornear cubiertas con papel siliconado, brocha, rejilla

1 kg de harina de trigo

10 g de sal

200 g de azúcar

30 g de levadura en polvo

500 ml de agua

150 g de huevos

200 g de manteca de cerdo

300 g de manteca vegetal, suavizada

c/s de aceite

1. Mezcle en un tazón la harina de trigo con la sal, el azúcar y la levadura en polvo. Incorpore gradualmente el agua y los huevos hasta obtener una masa homogénea.

2. Agregue la manteca de cerdo y la vegetal y amase hasta que se incorporen por completo. Trabaje la masa hasta que esté muy elástica.

3. Forme una esfera con la masa, colóquela en un tazón ligeramente engrasado y déjela reposar durante 20 minutos.

4. Divida la masa en porciones de 80 gramos. Estire una de ellas con las dos manos hasta obtener una cinta larga, retuérzala y colóquela sobre una charola. Repita este paso con el resto de las porciones de masa y deje reposar los panes durante 40 minutos. Precaliente el horno a 180 °C. (Fotos 1 y 2.)

5. Barnice los panes con un poco de aceite y hornéelos durante 35 minutos o hasta que se doren ligeramente. Retírelos del horno y déjelos enfriar sobre la rejilla.

Con esta masa se pueden formar varias figuras como huesos, canillas, cañones, barcos, entre otras.

PAN DE MUERTO

Rendimiento: 4 panes de muerto / 20 porciones — **Preparación:** 2 h — **Reposo:** 2 h 15 min – 2 h 30 min — **Cocción:** 25 min
Material: charolas para hornear cubiertas con papel siliconado, brocha, rejilla

Esponja

20 g de levadura en polvo

300 g de harina de trigo

350 ml de leche

Masa

200 g de huevo

60 g de yemas

700 g de harina de trigo

12 g de sal

190 g de azúcar

200 g de mantequilla cortada en cubos, a temperatura ambiente

10 ml de agua de azahar

la ralladura de 1 naranja

Terminado

200 g de azúcar

1 raja de canela de 10 cm

100 g de mantequilla derretida

Esponja

1. Combine en un tazón la levadura en polvo con la harina de trigo. Agregue la leche y mezcle hasta obtener una masa homogénea. Tape la masa con plástico adherente y déjela reposar a temperatura ambiente durante 30 minutos o hasta que en la masa aparezcan burbujas de aire.

Masa

1. Coloque la esponja en un tazón grande; incorpore los huevos y las yemas, de uno en uno, mezclando bien el anterior antes de agregar el siguiente.

2. Agregue la harina de trigo poco a poco y mezcle hasta obtener una masa homogénea. Añada la sal y trabaje la masa hasta que comience a desarrollar cierta elasticidad. Agregue el azúcar y amase hasta que se incorpore por completo.

3. Añada poco a poco la mantequilla, el agua de azahar y la ralladura de naranja, sin dejar de trabajar la masa. Continúe amasando hasta que la masa se despegue de la superficie de trabajo y esté lisa y elástica.

4. Forme una esfera con la masa, colóquela en un tazón ligeramente engrasado, cúbralo con plástico adherente y deje reposar la masa durante 1 hora o hasta que duplique su volumen.

Terminado

1. Enharine una mesa de trabajo, coloque encima la masa, pónchela y divídala en 4 porciones iguales. Boléelas; separe una quinta parte de cada uno de los bollos y resérvelas. Bolee nuevamente las 4 porciones grandes de masa, colóquelas en charolas y aplástelas ligeramente.

2. Divida cada una de las 4 porciones de masa que reservó en 5 partes iguales; boléelas y reserve 4 esferas, las cuales se utilizarán para formar la cabeza de los panes de muerto.

3. Para formar los huesos del pan espolvoree con poca harina las 16 esferas de masa pequeñas; tome una de ellas, presiónela por la mitad con el dedo índice sobre la mesa

(Continúa en la pág. 172)

PAN DE PILONCILLO Y NUEZ

Rendimiento: 25 panes de piloncillo y nuez — **Preparación:** 1 h 20 min — **Reposo:** 2 h — **Cocción:** 25 min
Material: charolas para hornear cubiertas con papel siliconado, brocha, rejilla

Masa

1 kg de harina de trigo

12 g de sal

25 g de levadura en polvo

300 ml de leche

200 ml de agua

250 g de huevos

200 g de mantequilla cortada en cubos, a temperatura ambiente

220 g de azúcar

5 g de canela molida

10 g de manteca de cerdo

Terminado

180 g de piloncillo rallado + 20 g

100 g de nueces troceadas

c/s de brillo de huevo (ver pág. 170)

Masa

1. Forme con la harina de trigo un volcán sobre una mesa de trabajo y espolvoree alrededor la sal. Haga un orificio en el centro, coloque dentro la levadura en polvo y mézclela con un poco de leche y de la harina del derredor.

2. Incorpore gradualmente el resto de la leche, el agua y los huevos al resto de la harina; mezcle hasta obtener una masa homogénea. Agregue la mantequilla, el azúcar y la canela molida; continúe trabajando la masa hasta que se despegue de la superficie de trabajo y esté lisa, suave y elástica.

3. Forme una esfera con la masa y úntela con un poco de manteca de cerdo. Déjela reposar a temperatura ambiente durante 1½ horas o hasta que duplique su volumen.

Terminado

1. Enharine la mesa, coloque encima la masa, pónchela y divídala en porciones de 100 gramos; déjelas reposar durante 10 minutos.

2. Distribuya los 180 gramos de piloncillo rallado y las nueces troceadas entre las porciones de masa en cantidades iguales. Amase cada porción por separado para integrar bien el piloncillo y las nueces y boléelas. Coloque los bollos de masa sobre las charolas, aplástelos ligeramente y déjelos reposar durante 30 minutos. Precaliente el horno a 170 °C.

3. Barnice los bollos de masa con brillo de huevo y espolvoréelos con el piloncillo rallado restante. Hornee los panes durante 25 minutos o hasta que se doren uniformemente. Sáquelos del horno y déjelos enfriar sobre la rejilla.

PAN DE PULQUE

Rendimiento: 35 panes de pulque — **Preparación:** 1 h 15 min — **Reposo:** 4 h — **Cocción:** 20 min
Material: charolas para hornear cubiertas con papel siliconado, brocha, manga pastelera con duya lisa de 5 mm, rejilla

Masa madre

4 g de levadura en polvo

100 g de harina de trigo

100 ml de agua

Masa

2.4 kg de harina de trigo

12 g de sal

30 g de levadura en polvo

1 l de pulque blanco

700 g de azúcar

500 g de huevos

800 g de mantequilla cortada en cubos, a temperatura ambiente

Terminado

c/s de harina de trigo

c/s de mantequilla

c/s de brillo de huevo (ver pág. 170)

½ receta de crema pastelera (ver pág. 170)

20 g de ajonjolí

Masa madre

1. Prepare la masa madre y déjela reposar durante 2 horas como mínimo. (Ver pág. 171.)

Masa

1. Forme con la harina de trigo un volcán sobre una mesa de trabajo y espolvoree alrededor la sal. Haga un orificio en el centro, coloque dentro la levadura en polvo y mézclela con un poco de pulque y de la harina del derredor.

2. Agregue el azúcar y los huevos, uno a la vez, y mezcle, mientras incorpora gradualmente el resto de la harina. Añada la masa madre y continúe trabajando la masa hasta que tenga una consistencia y un color uniforme; si le es difícil amasar, agregue un poco más de pulque.

3. Agregue la mantequilla a la masa alternándola con un poco más del pulque; trabájela hasta que la mantequilla se incorpore por completo. Continúe con el amasado incorporando poco a poco el resto del pulque hasta que obtenga una masa suave y lisa (es probable que no necesite agregar todo el pulque para obtener la consistencia adecuada); trabaje la masa hasta obtener el punto de media. (Fotos 1 y 2.)

4. Forme una esfera con la masa y déjela fermentar a temperatura ambiente hasta que duplique su volumen.

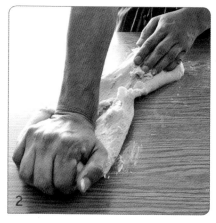

Terminado

1. Enharine una mesa de trabajo, coloque encima la masa, pónchela, divídala en porciones de 150 gramos y boléelas.

2. Coloque los bollos de masa sobre las charolas. Acreme un poco de mantequilla con las manos y unte con ella los bollos. Barnícelos con un poco de brillo de huevo y déjelos reposar durante 1 hora. Precaliente el horno a 180 °C.

3. Introduzca la crema pastelera en la manga con duya. Forme una espiral de crema pastelera sobre cada disco de masa y espolvoréelos con el ajonjolí.

4. Hornee los panes durante 20 minutos o hasta que se doren. Retírelos del horno y déjelos enfriar sobre la rejilla.

PAN DE YEMA

Rendimiento: 5 panes de yema / 30 porciones — **Preparación:** 1 h — **Reposo:** 1 h 30 min — **Cocción:** 40 min
Material: cuadros de papel estraza de 25 cm por lado, charolas para hornear, navaja delgada, rejilla

Masa

100 ml de leche

100 ml de agua

10 g de semillas de anís

2 kg de harina de trigo

12 g de sal

30 g de levadura en polvo

660 g de azúcar

5 g de canela en raja, troceada con un cuchillo

1 kg de huevos

200 g de yemas

660 g de mantequilla cortada en cubos, a temperatura ambiente

c/s de manteca de cerdo

Terminado

100 g de ajonjolí

c/s de manteca de cerdo

Masa

1. Ponga sobre el fuego la leche con el agua y las semillas de anís; cuando comience a hervir, retírela del fuego y déjela entibiar.

2. Mezcle la harina de trigo con la sal y forme un volcán sobre una mesa de trabajo. Haga un orificio en el centro, coloque dentro la levadura en polvo y mézclela con la leche tibia y con un poco de la harina del derredor.

3. Incorpore gradualmente el resto de la harina junto con el azúcar, la canela troceada, los huevos y las yemas; trabaje la masa hasta que se despegue fácilmente de la mesa. Incorpore poco a poco los cubos de mantequilla y amase hasta obtener una masa lisa y elástica.

4. Forme una esfera con la masa, úntela con un poco de manteca de cerdo y déjela reposar a temperatura ambiente durante 1 hora o hasta que duplique su volumen.

Terminado

1. Enharine la mesa, coloque encima la masa, pónchela y divídala en porciones de 360 gramos. Déjelas reposar durante 10 minutos y boléelas.

2. Coloque el ajonjolí en un recipiente poco profundo. Unte la superficie de cada bollo de masa con un poco de manteca de cerdo y presiónelos contra el ajonjolí; colóquelos sobre los cuadros de papel estraza, con el ajonjolí hacia arriba, y póngalos sobre las charolas. Déjelos reposar hasta que dupliquen su volumen. Precaliente el horno a 180 °C.

3. Haga con la navaja una incisión poco profunda en la superficie de cada bollo de masa. Hornee los panes de yema durante 40 minutos o hasta que estén dorados. Sáquelos del horno y déjelos enfriar sobre la rejilla.

PAN DE ZACATLÁN

Rendimiento: 25 panes — **Preparación:** 1 h — **Reposo:** 1 h — **Cocción:** 20 minutos
Materiales: rodillo, charolas para hornear con papel siliconado, brocha, rejilla

Relleno

500 g de requesón

100 g de azúcar

60 g de harina de trigo

c/s de colorante rosa (opcional)

Terminado

1 receta de masa de bizcocho (ver pág. 64)

c/s de brillo de huevo (ver pág. 170)

c/s de azúcar rosa

Relleno

1. Mezcle todos los ingredientes en un tazón y reserve.

Terminado

1. Enharine una mesa de trabajo, ponche en ella la masa de bizcocho y extiéndala hasta obtener un rectángulo de ½ centímetro de grosor y de 90 × 60 centímetros. Corte la masa por la mitad para obtener dos rectángulos de 45 × 60 centímetros aproximadamente.

2. Barnice uno de los rectángulos de masa con brillo de huevo. Marque ligeramente con un cuchillo, 25 rectángulos de 8 × 12 centímetros y distribuya al centro de cada uno el relleno de requesón. Cubra con el rectángulo de masa restante y presione toda la orilla y las áreas sin requesón.

3. Corte la preparación en 25 rectángulos de 8 × 12 centímetros y colóquelos en las charolas para hornear. Déjelos reposar hasta que dupliquen su volumen.

4. Precaliente el horno a 160 °C. Barnice los rectángulos de masa con brillo de huevo y espolvoréelos con azúcar rosa.

5. Hornee los panes durante 20 minutos o hasta que estén bien cocidos. Retírelos del horno y déjelos enfriar sobre la rejilla.

PAN ESPAÑOL

Rendimiento: 20 panes — **Preparación:** 1 h 30 min — **Reposo:** 1 h 45 min — **Cocción:** 15 min
Material: charolas para hornear cubiertas con papel siliconado, brocha, rejilla

Masa

1 kg de harina de trigo

20 g de sal

15 g de levadura en polvo

500 ml de agua

140 g de manteca vegetal cortada en cubos, suavizada

70 g de azúcar

Terminado

c/s de manteca vegetal

c/s de leche para barnizar

Masa

1. Forme con la harina un volcán sobre una mesa de trabajo y espolvoree alrededor la sal. Haga un orificio en el centro, coloque dentro la levadura en polvo, y mézclela con un poco de agua y de la harina del derredor. Agregue el resto del agua y continúe incorporando el resto de la harina poco a poco hasta obtener una masa homogénea.

2. Incorpore poco a poco la manteca vegetal y el azúcar, amasando hasta obtener una masa homogénea y elástica que se despegue de la mesa de trabajo. Enharine ligeramente la mesa y deje reposar allí la masa hasta que duplique su volumen.

Terminado

1. Ponche la masa, divídala en porciones de 70 gramos y déjelas reposar durante 10 minutos. Boléelas, úntelas con un poco de manteca vegetal y déjelas reposar nuevamente durante 10 minutos.

2. Enharine ligeramente la mesa y forme con la masa las figuras de su preferencia. Colóquelas en las charolas y déjelas reposar hasta que dupliquen su volumen. Precaliente el horno a 200 °C.

5. Barnice las figuras con un poco de leche y hornéelas durante 15 minutos o hasta que se doren y estén firmes. Sáquelas del horno y déjelas enfriar sobre la rejilla.

Con esta masa se pueden formar varias figuras como empanadas, triángulos, discos, entre otras.

Con esta masa se elaboran diferentes figuras como cocodrilos, huesos, canillas, cañones, barcos, cuernitos, entre otras.

PICÓN

Rendimiento: 18 picones — **Preparación:** 1 h 35 min — **Reposo:** 1 h 30 min — **Cocción:** 20 min
Material: rodillo, charolas para hornear cubiertas con papel siliconado, brocha, rejilla

Cobertura para picón

100 g de harina de trigo

100 g de azúcar glass

100 g de manteca vegetal

Masa

1 kg de harina de trigo

12 g de sal

20 g de levadura en polvo

400 ml de leche

200 g de huevos

60 g de yemas

10 ml de extracto de vainilla

200 g de azúcar

5 g de canela molida

180 g de margarina cortada en cubos pequeños, a temperatura ambiente

30 g de manteca vegetal

Terminado

200 g de nueces troceadas

100 g de pasas

c/s de manteca vegetal

c/s de brillo de huevo (ver pág. 170)

Cobertura para picón

1. Cierna la harina de trigo con el azúcar glass en un tazón. Agregue la manteca vegetal y mezcle con las manos hasta obtener una masa tersa y homogénea. Cúbrala con plástico adherente y reserve.

Masa

1. Elabore la masa siguiendo el procedimiento de la masa de bizcocho (ver pág. 64); incorpore las yemas y el extracto de vainilla cuando añada los huevos, la canela molida cuando agregue el azúcar, y la manteca vegetal con la margarina. Deje reposar la masa a temperatura ambiente durante 1 hora o hasta que duplique su volumen.

Terminado

1. Enharine una mesa de trabajo, coloque encima la masa, pónchela y divídala en porciones de 100 gramos; déjelas reposar durante 10 minutos. Bolee cada porción de masa y resérvelas.

2. Extienda de forma individual dos bollos de masa con el rodillo hasta obtener dos discos delgados. Coloque uno sobre una charola y barnice todo el borde con un poco de agua; coloque al centro un poco de nueces troceadas y de pasas. Cubra con el disco de masa restante y presione las orillas para sellarlas. Repita este paso con el resto de los bollos.

(Continúa en la pág. 172)

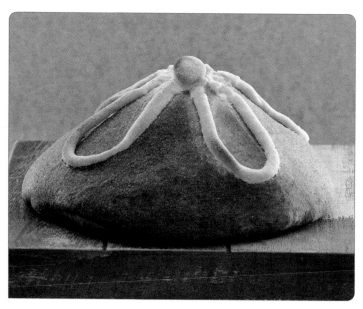

PIOJOSA

Rendimiento: 22 piojosas — **Preparación:** 1 h 15 min — **Reposo:** 1 noche + 1 h — **Cocción:** 20 min

Material: charolas para hornear cubiertas con papel siliconado, brocha, rejilla

Masa madre

5 g de levadura en polvo

100 g de harina de trigo

100 ml de agua

Atole de trigo

100 g de harina de trigo

200 ml de agua

1 pizca de azúcar

20 g de yema

Masa

1 kg de harina de trigo

20 g de levadura en polvo

10 g de mejorante para pan

600 ml de agua

12 g de sal

200 g de masa madre

c/s de ajonjolí

Masa madre

1. Prepare la masa madre y déjela reposar en refrigeración durante una noche. (Ver pág. 171.)

Atole de trigo

1. Mezcle todos los ingredientes hasta obtener una preparación homogénea, sin grumos y con consistencia ligeramente espesa.

Masa

1. Combine la harina de trigo con la levadura en polvo y el mejorante para pan. Forme un volcán con esta mezcla sobre una mesa de trabajo, agregue un poco de agua, la sal y la masa madre, y comience a incorporar todos los ingredientes con las yemas de los dedos.

2. Trabaje la masa incorporando gradualmente el agua hasta obtener una masa suave de consistencia firme y elástica. Déjela reposar durante 10 minutos.

3. Divida la masa en porciones de 80 gramos y déjelas reposar durante 20 minutos. Enharine la mesa, bolee sobre ella las porciones de masa y colóquelas en las charolas.

4. Barnice cada bollo con el atole y espolvoréelos con ajonjolí. Déjelos reposar durante 30 minutos o hasta que dupliquen su volumen. Precaliente el horno a 180 °C.

5. Realice 2 incisiones en forma de cruz sobre la superficie de las piojosas. Hornéelas durante 20 minutos o hasta que estén ligeramente doradas. Sáquelas del horno y dejarlas enfriar sobre la rejilla.

POLLO

Rendimiento: 26 pollos — **Preparación:** 1 h 25 min — **Reposo:** 1 h 45 min — **Cocción:** 20 min
Material: charolas para hornear cubiertas con papel siliconado, rejilla, tijeras, manga pastelera

Masa

60 ml de agua

350 ml de leche

200 g de huevos

40 g de yemas

1 kg de harina de trigo

12 g de sal

16 g de levadura en polvo

200 g de azúcar

190 g de mantequilla cortada en cubos, a temperatura ambiente

Terminado

c/s de manteca vegetal

1 receta de crema pastelera (ver pág. 170)

c/s de azúcar glass

Masa

1. Mezcle en un tazón el agua con la leche, los huevos y las yemas.

2. Forme con la harina de trigo un volcán sobre una mesa de trabajo y espolvoree alrededor la sal. Haga un orificio en el centro, coloque dentro la levadura en polvo y mézclela con un poco de la mezcla de leche y de la harina del derredor. Continúe incorporando la harina y añada gradualmente el resto de la mezcla de leche.

3. Agregue poco a poco el azúcar, amasando hasta que se incorpore por completo; incorpore de la misma forma la mantequilla. Trabaje la masa hasta que esté suave, firme y elástica; forme con ella una esfera.

4. Engrase ligeramente un tazón, coloque dentro la masa y cúbralo con plástico adherente. Déjela reposar a temperatura ambiente por 1 hora o hasta que duplique su volumen.

Terminado

1. Enharine ligeramente la mesa, coloque encima la masa, pónchela y divídala en porciones de 70 gramos; déjelas reposar durante 5 minutos. Boléelas, colóquelas en las charolas separadas por algunos centímetros y úntelas con un poco de manteca vegetal, presionando ligeramente las orillas. (Foto 1.)

2. Deje reposar los bollos de masa hasta que dupliquen su volumen. Precaliente el horno a 200 °C.

3. Hornee los panes durante 20 minutos o hasta que se doren uniformemente. Retírelos del horno y déjelos enfriar sobre la rejilla.

4. Realice sobre los bollos un corte en forma de V con las tijeras. Bata la crema pastelera con un batidor globo e introdúzcala en la manga pastelera; rellene los pollos y espolvoréelos con azúcar glass. (Fotos 2 y 3.)

REBANADA

Rendimiento: 22 rebanadas — **Preparación:** 1 h 25 min — **Reposo:** 2 h 15 min — **Cocción:** 25 min
Material: rodillo, 2 charolas para hornear cubiertas con papel siliconado, brocha, rejilla

Masa

1 kg de harina de trigo

10 g de sal

15 g de levadura en polvo

240 ml de leche

300 g de huevos

40 g de yemas

200 g de azúcar

5 g de canela molida

160 g de margarina para danés cortada en cubos, a temperatura ambiente

c/s de aceite

Terminado

c/s de brillo de huevo (ver pág. 170)

100 g de mantequilla a temperatura ambiente

40 g de manteca vegetal

100 g de azúcar glass

200 g de azúcar

Masa

1. Elabore la masa siguiendo el procedimiento de la masa de bizcocho (ver pág. 64); incorpore las yemas con los huevos y añada la canela molida junto con el azúcar.

2. Forme una esfera con la masa y úntela con un poco de aceite; colóquela en un tazón, cúbralo con plástico adherente y deje fermentar la masa a temperatura ambiente durante 1 hora o hasta que duplique su volumen.

Terminado

1. Enharine una mesa de trabajo, coloque encima la masa y pónchela; divídala en 2 porciones iguales. Boléelas y déjelas reposar durante 20 minutos.

2. Extienda los bollos de masa con el rodillo hasta obtener 2 rectángulos de 1 centímetro de grosor. Enróllelos sobre sí mismos y colóquelos sobre las charolas con la unión de cierre hacia abajo. Presione los rollos hacia abajo ligeramente y déjelos reposar durante 40 minutos. Precaliente el horno a 170 °C.

3. Barnice los rollos de masa con un poco de brillo de huevo y hornéelos durante 25 minutos o hasta que se doren. Retírelos del horno y déjelos enfriar sobre la rejilla.

4. Acreme la mantequilla con la manteca vegetal y el azúcar glass hasta obtener una pasta homogénea, suave y de color pálido.

5. Corte los panes en rebanadas de 2 centímetros de grosor con un cuchillo de sierra. Úntelas con la pasta de mantequilla y espolvoréelas con el azúcar.

ROL DE CANELA

Rendimiento: 15 roles de canela — **Preparación:** 1 h 35 min — **Reposo:** 1 h 25 min — **Cocción:** 25 min
Material: rodillo, 3 moldes para pan de caja de 30 cm, brocha

Masa

1 kg de harina de trigo

15 g de sal

25 g de levadura en polvo

150 g de azúcar

200 g de huevos

300 ml de leche

100 g de mantequilla cortada en cubos, a temperatura ambiente

Terminado

80 g de mantequilla suavizada + 15 trozos pequeños

120 g de azúcar mascabado mezclada con 25 g de canela molida

100 g de pasas

200 g de glaseado de chabacano (ver pág. 171)

200 g de azúcar glass

50 ml de agua

Masa

1. Forme con la harina de trigo un volcán sobre una mesa de trabajo y espolvoree alrededor la sal. Haga un orificio en el centro y coloque dentro la levadura en polvo y el azúcar. Agregue los huevos de uno en uno, incorporando poco a poco la harina de trigo y alternando con la mitad de la leche; amase hasta obtener una masa homogénea.

2. Añada poco a poco la mantequilla, amasando hasta que se integre por completo; incorpore de la misma manera el resto de la leche. Continúe amasando hasta que la masa se despegue de la mesa y esté lisa, suave y elástica.

3. Forme una esfera con la masa y colóquela en un tazón ligeramente engrasado; cúbralo con plástico adherente y deje reposar la masa a temperatura ambiente hasta que duplique su volumen.

Terminado

1. Enharine ligeramente la mesa y extienda en ella la masa con el rodillo hasta formar un rectángulo de 1 centímetro de grosor. Unte la mantequilla suavizada en toda la superficie del rectángulo, espolvoree encima la mezcla de azúcar mascabado y canela y distribuya las pasitas; pase el rodillo por encima, presionando suavemente, para que las pasas se adhieran bien a la masa.

2. Precaliente el horno a 170 °C. Engrase y enharine los moldes.

3. Enrolle el rectángulo sobre sí mismo y córtelo en rebanadas de 6 centímetros de grosor. Acomode los roles en los moldes ligeramente separados y con la espiral hacia arriba; déjelos reposar durante 10 minutos o hasta que dupliquen su volumen. (Fotos 1, 2 y 3.)

4. Coloque un pequeño trozo de mantequilla sobre cada rol y hornéelos durante 25 minutos. Retírelos del horno, sáquelos del molde con cuidado, barnícelos con el glaseado de chabacano y déjelos enfriar.

5. Mezcle el azúcar glass con el agua hasta obtener un glaseado sin grumos y viértalo sobre los roles.

ROSCA DE REYES

Rendimiento: 2 roscas de Reyes / 20 porciones — **Preparación:** 1 h 30 min — **Reposo:** 2 h — **Cocción:** 30 min
Material: rodillo, charolas para hornear cubiertas con papel siliconado, brocha, rejilla

Cobertura

100 g de mantequilla cortada en cubos

110 g de harina de trigo

110 g de azúcar glass

40 g de yemas

Masa

2 kg de harina de trigo

24 g de sal

30 g de levadura en polvo

300 ml de leche

350 g de azúcar

600 g de huevo

440 g de mantequilla

20 ml de extracto de vainilla

la ralladura de 1 naranja

Terminado

6 muñequitos de plástico

c/s de brillo de huevo
(ver pág. 170)

5 higos cristalizados cortados en tiras

10 cerezas en almíbar

1 cáscara de naranja confitada cortada en tiras delgadas

1 acitrón rojo cortado en tiras delgadas

1 acitrón verde cortado en tiras delgadas

1 acitrón blanco cortado en tiras delgadas

Cobertura

1. Mezcle con la mano la mantequilla y la harina de trigo hasta obtener una masa de consistencia arenosa. Agregue el azúcar glass y las yemas y mezcle nuevamente hasta obtener una masa homogénea y maleable. Envuélvala con plástico adherente y resérvela.

Masa

1. Elabore la masa siguiendo el procedimiento de la masa de bizcocho (ver pág. 64); sustituya la margarina por la mantequilla e incorpore el extracto de vainilla y la ralladura de naranja después de la mantequilla. Deje reposar la masa a temperatura ambiente durante 1 hora o hasta que duplique su volumen.

Terminado

1. Divida la masa en 2 porciones iguales. Enharine una mesa de trabajo, coloque encima una de las porciones de masa, pónchela y estírela con el rodillo hasta obtener un rectángulo. Enrolle el rectángulo sobre sí mismo a lo largo; a la mitad del enrollado, distribuya en el rollo los muñecos y continúe hasta obtener un rollo apretado. Junte los extremos del rollo para formar una rosca y colóquela en una charola, con la unión por debajo. Repita este procedimiento con la porción de masa restante. (Fotos 1 y 2.)

2. Amase ligeramente la cobertura y forme con ella 16 cilindros de 10 centímetros de largo y 2 de ancho; aplástelos ligeramente con las manos. Barnice las roscas con un poco de brillo de huevo. Coloque las tiras de cobertura sobre las roscas de forma simétrica, dejando un espacio entre cada una, y acomode la fruta cristalizada en los espacios libres. Espolvoree toda la superficie de las roscas con un poco de azúcar y déjelas reposar durante 1 hora o hasta que dupliquen su volumen. Precaliente el horno a 165 °C. (Foto 3.)

3. Hornee las roscas durante 30 minutos o hasta que se doren. Retírelas del horno y déjelas enfriar por completo.

ROSQUILLA DE CANELA

Rendimiento: 25 rosquillas de canela — **Preparación:** 1 h 35 min — **Reposo:** 1 h 30 min — **Cocción:** 20 min
Material: charolas para hornear cubiertas con papel siliconado, rejilla

Masa

1 kg de harina de trigo

15 g de sal

15 g de levadura en polvo

380 ml de agua

250 g de huevos

40 g de yemas

220 g de azúcar

50 g de canela molida

100 g de mantequilla cortada en cubos, a temperatura ambiente

150 g de manteca vegetal suavizada

Terminado

c/s de manteca vegetal suavizada

100 g de azúcar mezclada con 15 g de canela molida

Masa

1. Elabore la masa siguiendo el procedimiento de la masa de bizcocho (ver pág. 64); sustituya la leche por el agua, agregue las yemas junto con los huevos, la canela molida con el azúcar y sustituya la margarina por la mantequilla y la manteca vegetal.

2. Engrase ligeramente un tazón, coloque dentro la masa y cúbralo con plástico adherente. Deje fermentar la masa a temperatura ambiente durante 1 hora o hasta que duplique su volumen.

Terminado

1. Enharine ligeramente la mesa de trabajo, coloque encima la masa, pónchela y divídala en porciones de 80 gramos. Boléelas y úntelas con un poco de manteca vegetal para evitar que se resequen. Déjelas reposar durante 15 minutos.

2. Extienda los bollos de masa con las manos hasta obtener tiras delgadas de 35 centímetros de largo. Tome una tira, tuérzala sobre sí misma y junte los extremos presionándolos ligeramente para obtener una rosca trenzada. Repita este paso con el resto de los bollos de masa. Coloque las rosquillas en las charolas y déjelas reposar durante 15 minutos. Precaliente el horno a 200 °C.

3. Hornee las rosquillas durante 20 minutos o hasta que se doren ligeramente. Sáquelas del horno y revuélquelas en la mezcla de azúcar con canela. Déjelas enfriar sobre la rejilla.

TELERA

Rendimiento: 18 teleras — **Preparación:** 1 h 30 min — **Reposo:** 1 h 45 min — **Cocción:** 15 min
Material: charolas para hornear cubiertas con papel siliconado, brocha, rejilla

Masa madre
5 g de levadura en polvo
200 g de harina de trigo
5 g de sal

150 ml de agua

Masa
1 kg de harina de trigo
18 g de sal

15 g de levadura en polvo
600 ml de agua
40 g de manteca vegetal suavizada
40 g de azúcar

Masa madre

1. Prepare la masa madre, agregando la sal junto con la harina, y déjela reposar en un lugar tibio hasta que duplique su volumen. (Ver pág. 171.)

Masa

1. Forme con la harina un volcán sobre una mesa de trabajo y espolvoree alrededor la sal. Haga un orificio en el centro, coloque dentro la levadura en polvo, y mézclela con un poco de agua y de la harina del derredor. Agregue poco a poco el resto del agua y continúe incorporando la harina hasta obtener una masa homogénea.

2. Añada poco a poco la manteca vegetal, la masa madre y el azúcar, trabajando la masa hasta que se incorporen por completo. Continúe amasando hasta obtener una masa homogénea y elástica que se despegue de la mesa de trabajo. Enharine ligeramente la mesa y deje reposar allí la masa durante 30 minutos.

Terminado

1. Ponche la masa y divídala en porciones de 110 gramos. Boléelas, cúbralas con una bolsa de plástico o manta de cielo y déjelas reposar hasta que dupliquen su volumen.

2. Retire el plástico o la manta de cielo y espolvoree con un poco de harina los bollos de masa. Estírelos ligeramente hacia los lados y presione con las yemas de los dedos para formar óvalos ligeramente planos; espolvoréelos con un poco más de harina. (Fotos 1 y 2.)

3. Presione los óvalos a lo largo a ½ centímetro de distancia de una de las orillas con un palo delgado, casi hasta llegar al fondo de la masa pero sin cortarla; repita la operación en el lado contrario para lograr un pan con dos divisiones. (Foto 3.)

4. Coloque los panes en las charolas con las divisiones hacia arriba, cúbralos con la bolsa de plástico o la manta de cielo para evitar que se resequen y déjelos reposar hasta que dupliquen su volumen. Precaliente el horno a 210 °C.

5. Retire la bolsa de plástico o la manta de cielo y barnice las teleras con un poco de agua. Hornéelas durante 15 minutos o hasta que se doren y estén firmes. Sáquelas del horno y déjelas enfriar sobre la rejilla.

Si no desea utilizar toda la masa, elabore las teleras que desee y guarde la masa en refrigeración para utilizarla al día siguiente.

Asegúrese de retirar con delicadeza la bolsa de plástico o la manta de cielo que cubre los bollos para evitar poncharlos.

TRENZA DE DONA GLASEADA

Rendimiento: 30 trenzas de dona — **Preparación:** 50 min — **Reposo:** 1 h 35 min — **Cocción:** 35 min
Material: 1 cacerola grande poco profunda, rejilla

Glaseado de maple

1 receta de glaseado blanco (ver pág. 170)

100 g de jarabe de maple

Terminado

1 receta de masa de dona, fermentada (ver pág. 83)

c/s de aceite para engrasar la masa y para freír

Glaseado de maple

1. Prepare el glaseado blanco e incorpórele al final el jarabe de maple. Resérvelo.

Terminado

1. Enharine una mesa de trabajo, coloque encima la masa de donas y pónchela. Divida la mitad de la masa en porciones de 80 gramos y la mitad restante en porciones de 30 gramos. Boléelas, úntelas ligeramente con aceite y déjelas reposar durante 10 minutos.

2. Forme con las porciones de 80 gramos tiras de 25 centímetros de largo y déjelas reposar durante 5 minutos. Sujete las tiras por las orillas y gírelas hacia lados contrarios para torcerlas y formar trenzas.

3. Con las porciones de masa restantes, forme tiras de 15 centímetros de largo. Acomode 4 tiras paralelamente, júntelas por una de sus puntas, tréncelas y una las puntas finales. Repita este paso con las tiras restantes. (Foto 1.)

4. Deje reposar las trenzas en la mesa ligeramente enharinada, hasta que dupliquen su volumen.

5. Caliente el aceite a fuego medio hasta que alcance una temperatura de 180 °C. Fría cada trenza durante 1 minuto de cada lado o hasta que estén doradas. Escúrralas y déjelas reposar sobre papel absorbente hasta que se enfríen por completo.

6. Bañe las trenzas con el glaseado de maple y déjelo endurecer.

VOLCÁN

Rendimiento: 22 volcanes — **Preparación:** 1 h — **Reposo:** 1 h 45 min – 4 h 45 min — **Cocción:** 20 min
Material: charolas para hornear cubiertas con papel siliconado, brocha, rejilla

Masa

1 kg de harina de trigo

12 g de sal

20 g de levadura en polvo

400 ml de leche

200 g de huevos

40 g de yemas

200 g de azúcar

220 g de mantequilla
cortada en cubos pequeños,
a temperatura ambiente

Terminado

c/s brillo de huevo (ver
pág. 170)

c/s de yema batida

c/s de azúcar

Masa

1. Elabore la masa siguiendo el procedimiento de la masa de bizcocho (ver pág. 64); incorpore las yemas cuando añada los huevos y sustituya la margarina por la mantequilla. Deje reposar la masa en refrigeración o a temperatura ambiente hasta que duplique su volumen.

Terminado

1. Enharine una mesa de trabajo, coloque encima la masa, pónchela y divídala en porciones de 70 gramos; déjelas reposar durante 5 minutos. Boléelas y colóquelas en las charolas, separadas por algunos centímetros.

2. Barnice los bollos de masa con un poco de brillo de huevo y déjelos reposar durante 10 minutos; después, barnice el centro de cada bollo con la yema batida y espolvoréelos con suficiente azúcar.

3. Deje reposar los bollos durante 40 minutos o hasta que dupliquen su volumen. Precaliente el horno a 170 °C.

4. Hornee los volcanes durante 20 minutos o hasta que se doren ligeramente. Sáquelos del horno y dejarlos enfriar sobre la rejilla.

Masas hojaldradas fermentadas

Masa de danés 126

Bigote 128

Cartera 131

Cuernito 132

Marina 132

Moño o corbata 135

Rehilete 136

MASA DE DANÉS

Rendimiento: 3.5 kg — **Preparación:** 1 h 30 min — **Reposo:** 2 h 30 min
Material: rodillo

Masa

1 kg de harina de trigo

12 g de sal

15 g de levadura en polvo

350 g de huevos

240 ml de leche

240 g de azúcar

100 g de mantequilla cortada en cubos,
a temperatura ambiente

Empaste

500 g de margarina para danés

Masa

1. Forme con la harina de trigo y la sal un volcán sobre una mesa de trabajo. Haga un orificio en el centro, coloque dentro la levadura en polvo, los huevos y la leche. Mezcle poco a poco la harina con el resto de los ingredientes hasta obtener una masa. Amásela hasta que se despegue de la mesa y esté un poco elástica. Agregue la mitad del azúcar y continúe amasando hasta que se integre.

2. Añada poco a poco la mantequilla, sin dejar de trabajar la masa; una vez que esté bien incorporada, agregue el resto del azúcar y continúe trabajando la masa hasta que se despegue de la mesa y esté lisa, suave y elástica.

3. Forme una esfera con la masa y colóquela en un tazón ligeramente engrasado; cúbrala con plástico adherente para evitar que se reseque y déjela reposar durante 20 minutos.

4. Enharine ligeramente la mesa, coloque encima la masa y estírela con el rodillo hasta obtener un rectángulo de 1 centímetro de grosor como máximo. Cúbralo con una bolsa de plástico o una manta de cielo y déjelo reposar durante 10 minutos más.

Empaste

1. Suavice la margarina (ver pág. 23) y forme con ella un rectángulo de la mitad del tamaño que el rectángulo de masa. Colóquelo sobre uno de los lados del rectángulo de masa y cúbralo con el otro costado de la masa; presione las orillas para que la margarina no se salga al momento de estirar la masa.

Masa de danés

1. Enharine ligeramente la mesa y estire la masa hasta formar un rectángulo largo; el grosor de la masa deberá ser uniforme. Divida la masa imaginariamente en tres partes, doble una de ellas hacia el centro del rectángulo para cubrir la parte central, y posteriormente doble la parte restante también hacia el centro, encima del primer doblez. A este procedimiento se le conoce como doblez sencillo o vuelta sencilla. Gire la masa 90° hacia el lado izquierdo. (Ver foto 4 de Masa hojaldre, pág. 45.)

2. Enharine nuevamente la mesa, estire la masa hasta obtener un rectángulo alargado y realice otro doblez sencillo; ésta será la segunda vuelta. Cubra la masa con una bolsa de plástico o una manta de cielo y refrigérela durante 1 hora como mínimo. (Ver foto 5 de Masa hojaldre, pág. 45.)

3. Saque la masa del refrigerador, gírela 90° hacia el lado izquierdo a partir de la última posición y realice un tercer doblez sencillo. Cúbrala nuevamente con la bolsa de plástico o la manta de cielo y déjela reposar en refrigeración durante 1 hora como mínimo.

BIGOTE

Rendimiento: 40 bigotes — **Preparación:** 40 min — **Reposo:** 40 min — **Cocción:** 15 min
Material: rodillo, charolas para hornear cubiertas con papel siliconado, rejilla

1 receta de masa de danés (ver pág. 126)

c/s de azúcar

1. Enharine ligeramente una mesa de trabajo y extienda en ella la masa de danés con el rodillo hasta obtener un rectángulo de 40 × 60 centímetros. Córtelo por la mitad a lo largo. (Foto 1.)

2. Corte las tiras de masa en triángulos de 12 centímetros de base por 20 de altura. Colóquelos en charolas ligeramente enharinadas, cúbralos con plástico adherente y refrigérelos durante 20 minutos. (Foto 2.)

3. Enrolle los triángulos sobre sí mismos, comenzando por la base, y colóquelos sobre las charolas. Déjelos reposar durante 40 minutos o hasta que dupliquen su volumen. Precaliente el horno a 180 °C. (Foto 3.)

4. Hornee los bigotes durante 15 minutos o hasta que se doren uniformemente. Sáquelos del horno, revuélquelos en el azúcar y déjelos enfriar sobre la rejilla.

CARTERA

Rendimiento: 40 carteras — Preparación: 50 min — Reposo: 30 min — Cocción: 15 min
Material: rodillo, manga pastelera con duya lisa de 1 cm de diámetro, brocha, charolas para hornear cubiertas con papel siliconado, rejilla

1 receta de masa de danés (ver pág. 126)

1 receta de crema pastelera (ver pág. 170)

c/s de brillo de huevo (ver pág. 170)

c/s de azúcar

c/s de glaseado de chabacano
(ver pág. 171)

1. Enharine ligeramente una mesa de trabajo, coloque sobre ella la masa de danés, divídala en 2 porciones iguales y extiéndalas con el rodillo hasta obtener 2 rectángulos de 4 milímetros de grosor y de 20 × 60 centímetros en los lados. Acomódelos de manera horizontal hacia usted.

2. Bata la crema pastelera con un batidor globo e introdúzcala en la manga. Ponga la crema pastelera a lo largo del borde superior de cada rectángulo dejando un espacio de 1 centímetro entre la orilla y la crema; forme una segunda línea de crema debajo de la primera. (Foto 1.)

3. Barnice el resto de la masa de cada rectángulo con brillo de huevo y enrolle cada uno sobre sí mismo, comenzando por la orilla con crema. Corte los rollos en porciones de 8 centímetros de largo y colóquelas en las charolas con el cierre del rollo hacia abajo. (Foto 2.)

4. Barnice las carteras con un poco de brillo de huevo y espolvoréelas con suficiente azúcar. Déjelas reposar durante 30 minutos o hasta que dupliquen su volumen. Precaliente el horno a 180 °C.

5. Hornee las carteras durante 15 minutos o hasta que se doren. Sáquelas del horno, déjelas enfriar sobre la rejilla y barnícelas con glaseado de chabacano.

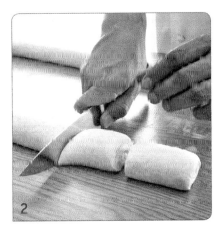

CUERNITO

Rendimiento: 40 cuernitos — **Preparación:** 40 min — **Reposo:** 40 min — **Cocción:** 15 min
Material: rodillo, charolas para hornear cubiertas con papel siliconado, brocha, rejilla

1 receta de masa de danés (ver pág. 126)

c/s de brillo de huevo (ver pág. 170)

1. Enharine ligeramente una mesa de trabajo y extienda en ella la masa de danés con el rodillo hasta obtener un rectángulo de 40 × 60 centímetros. Córtelo por la mitad a lo largo.

2. Corte las tiras de masa en triángulos de 10 centímetros de base por 20 de altura. Colóquelos en charolas ligeramente enharinadas, cúbralos con plástico adherente y refrigérelos durante 15 minutos. (Ver foto 2 de Bigote, pág. 128.)

3. Aplane ligeramente los triángulos con el rodillo, sin utilizar harina, y enróllelos sobre sí mismos, comenzando por la base; doble las puntas de los rollos hacia abajo para darles forma de cuernitos.

4. Coloque los cuernitos sobre las charolas y déjelos reposar durante 40 minutos o hasta que dupliquen su volumen. Precaliente el horno a 180 °C.

5. Barnice los cuernitos con brillo de huevo, déjelos reposar por 10 minutos y barnícelos nuevamente. Hornéelos durante 15 minutos o hasta que se doren. Sáquelos del horno y déjelos enfriar sobre la rejilla.

MARINA

Rendimiento: 35 marinas — **Preparación:** 40 min — **Reposo:** 1 h 40 min — **Cocción:** 15 min
Material: rodillo, charolas ligeramente enharinadas, charolas para hornear cubiertas con papel siliconado, rejilla

1 receta de masa de danés (ver pág. 126)

c/s de manteca vegetal

1. Enharine ligeramente una mesa de trabajo y extienda en ella la masa de danés con el rodillo hasta obtener un grosor uniforme de 1 centímetro. Córtela en cuadros de 8 centímetros de lado y colóquelos en las charolas enharinadas, cúbralos con plástico adherente y refrigérelos durante 10 minutos.

2. Coloque un poco de harina en la mesa, ponga encima los cuadros de masa y doble las 4 puntas de cada cuadro hacia el centro; voltéelos y boléelos sin trabajar demasiado la masa.

3. Acreme un poco de manteca vegetal con las manos para suavizarla y unte con ella los bollos de masa. Colóquelos en las charolas para hornear separados por algunos centímetros, déjelos reposar por 1½ horas o hasta que dupliquen su volumen. Precaliente el horno a 170 °C.

4. Hornee las marinas durante 15 minutos o hasta que se doren uniformemente. Sáquelas del horno y déjelas enfriar sobre la rejilla.

Este pan es ideal para usarlo
como bocadillo con algún
relleno dulce o salado.

MOÑO O CORBATA

Rendimiento: 30 moños — Preparación: 45 min — Reposo: 1 h 15 min — Cocción: 15 min
Material: rodillo, charolas ligeramente enharinadas, charolas para hornear cubiertas con papel siliconado, brocha, rejilla

1 receta de masa de danés (ver pág. 126)

c/s de brillo de huevo (ver pág. 170)

c/s de azúcar

1. Enharine ligeramente una mesa de trabajo, coloque sobre ella la masa de danés y divídala en 2 porciones iguales.

2. Extienda una de las porciones de masa con el rodillo hasta obtener un rectángulo de 39 × 45 centímetros en los lados y ½ centímetro de grosor. Divida la masa en tres tiras de 13 × 45 centímetros, y posteriormente corte cada tira en 5 rectángulos de 9 × 13 centímetros. Repita este paso con la porción de masa restante.

3. Coloque los rectángulos sobre las charolas enharinadas, cúbralos con plástico adherente y déjelos reposar en refrigeración durante 15 minutos.

4. Tome un rectángulo con ambas manos sujetándolo por los extremos y gírelo sobre sí mismo, hacia lados opuestos, para torcerlo; deberá obtener la forma de un moño de corbata. Repita este paso con el resto de los rectángulos.

5. Coloque los moños en las charolas para hornear y déjelos reposar a temperatura ambiente durante 1 hora o hasta que dupliquen su volumen. Precaliente el horno a 170 °C.

6. Barnice cada moño con brillo de huevo y hornéelos durante 15 minutos o hasta que se doren uniformemente. Retire los moños del horno, espolvoréelos con azúcar y déjelos enfriar sobre la rejilla.

REHILETE

Rendimiento: 40 rehiletes — **Preparación:** 50 min — **Reposo:** 30 min — **Cocción:** 15 min
Material: rodillo, brocha, charolas para hornear cubiertas con papel siliconado, rejilla

1 receta de masa de danés (ver pág. 126)

c/s de brillo de huevo (ver pág. 170)

1 receta de crema pastelera (ver pág. 170)

40 cerezas en marrasquino, escurridas

c/s de glaseado de chabacano, caliente
(ver pág. 171)

1. Enharine ligeramente una mesa de trabajo y extienda en ella la masa de danés con el rodillo hasta obtener un grosor uniforme de 1 centímetro; córtela en cuadros de 9 centímetros por lado.

2. Visualice un punto en el centro de cada cuadro y haga un corte diagonal de una punta a otra, sin cortar el centro; repita el corte del lado contrario. (Foto 1.)

3. Barnice los cuadros con brillo de huevo. Doble una de las puntas hacia el centro del cuadro y presiónela ligeramente hacia abajo; repita este doblez con el resto de las puntas, intercalando una punta sí y una no, siguiendo el sentido de las manecillas del reloj. (Foto 2.)

4. Coloque los rehiletes de masa en las charolas y barnícelos con un poco de brillo de huevo. Bata la crema pastelera con un batidor globo y ponga un poco de ella en el centro de cada rehilete; coloque encima 1 cereza. Déjelos reposar por 30 minutos o hasta que dupliquen su volumen. Precaliente el horno a 180 °C. (Foto 3.)

5. Hornee los rehiletes durante 15 minutos o hasta que la base esté ligeramente dorada. Sáquelos del horno, barnícelos con glaseado de chabacano caliente y déjelos enfriar sobre la rejilla.

Masas quebradas crujientes

Bisquet 140

Coyota 143

Cubilete 145

Empanada de piña 145

Espejo 146

Galleta con grageas 149

Gendarme 150

Gordita de la Villa 152

Hojarasca 152

Ladrillo 154

Marranito de piloncillo 155

Piedra 157

Polvorón de naranja 157

Polvorón tricolor 159

BISQUET

Rendimiento: 30 bisquets — **Preparación:** 35 min — **Reposo:** 50 min — **Cocción:** 12 min

Material: rodillo, 2 cortadores para galletas circulares, uno de 7 cm y otro de 2 cm de diámetro, brocha, charolas para hornear cubiertas con papel siliconado, rejilla

1 kg de harina de trigo

150 g de azúcar

20 g de sal

5 g de levadura en polvo

20 g de polvo para hornear

350 g de mantequilla cortada en cubos pequeños, fría

200 g de huevos

400 ml de leche

c/s de brillo de huevo (ver pág. 170)

1. Cierna sobre un tazón la harina de trigo con el azúcar, la sal, la levadura en polvo y el polvo para hornear. Agregue los cubos de mantequilla y mézclelos con el resto de los ingredientes usando las yemas de los dedos, hasta obtener una consistencia arenosa. (Foto 1.)

2. Bata en un tazón los huevos con la leche; incorpórelos gradualmente a la preparación anterior con movimientos envolventes hasta obtener una masa firme con una textura suave. (Foto 2.)

3. Forme una esfera con la masa, espolvoréela con un poco de harina y envuélvala en plástico adherente. Refrigere la masa durante 30 minutos.

4. Enharine una mesa de trabajo, coloque encima la masa y extiéndala con el rodillo hasta obtener un grosor de 1 centímetro. Corte la masa en círculos de 7 centímetros, colóquelos sobre las charolas separados por algunos centímetros, y haga una marca en el centro de cada uno con el cortador de 2 centímetros. (Foto 3.)

5. Barnice los discos de masa con un poco de brillo de huevo y déjelos reposar durante 20 minutos. Precaliente el horno a 170 °C.

6. Hornee los bisquets durante 12 minutos o hasta que las orillas se doren ligeramente. Sáquelos del horno y déjelos enfriar sobre la rejilla.

Reutilice los recortes de masa
para obtener más bisquets:
júntelos y amáselos hasta
obtener una masa homogénea,
pero sin trabajarla demasiado;
déjela reposar en refrigeración
durante 15 minutos antes
de cortarla.

COYOTA

Rendimiento: 18 coyotas — Preparación: 30 min — Reposo: 30 min — Cocción: 20 min
Material: rodillo, 1 cortador para galletas circular de 14 cm de diámetro, charolas para hornear cubiertas con papel siliconado, brocha, rejilla

Masa

250 ml de agua

200 g de piloncillo triturado

1 kg de harina de trigo

1 pizca de sal

200 g de manteca vegetal

100 g de manteca de cerdo

4 g de levadura en polvo

Terminado

c/s de manteca vegetal

300 g de piloncillo

c/s de brillo de huevo (ver pág. 170)

c/s de azúcar

Masa

1. Ponga sobre el fuego una olla con el agua y el piloncillo triturado; cuando el piloncillo se derrita y obtenga un jarabe, retírelo del fuego y déjelo enfriar.

2. Forme con la harina de trigo un volcán sobre una mesa de trabajo y añádale la sal y las mantecas. Mezcle los ingredientes con las manos hasta que se incorporen por completo y obtenga una consistencia arenosa. Agregue la levadura en polvo y mezcle nuevamente.

3. Vierta sobre la masa el jarabe de piloncillo y amase durante 2 minutos o hasta que obtenga una masa homogénea, pero sin trabajarla demasiado.

Terminado

1. Enharine ligeramente la mesa de trabajo, coloque encima la masa y divídala en porciones de 50 gramos. Boléelas, úntelas con un poco de manteca vegetal y déjelas reposar durante 30 minutos.

2. Espolvoree las porciones de masa con un poco de harina y extiéndalas con el rodillo hasta obtener discos delgados similares a una tortilla.

3. Coloque el piloncillo en una bolsa de plástico sobre una mesa de trabajo y golpéelo con el rodillo hasta obtener trozos pequeños.

4. Dé forma regular a cada disco de masa con el cortador para galletas y coloque la mitad de ellos en las charolas para hornear. Barnice los bordes de estos discos con brillo de huevo y distribuya al centro el piloncillo triturado. Cúbralos con los discos restantes y presione las orillas con los dedos para sellarlos.

5. Barnice las coyotas con brillo de huevo y espolvoréelas con un poco de azúcar. Haga un orificio en el centro de cada coyota con el mango de un tenedor, esto evitará que se inflen al hornearse. Déjelas reposar durante 30 minutos.

6. Precaliente el horno a 160 °C.

7. Hornee las coyotas durante 20 minutos o hasta que se doren uniformemente. Sáquelas del horno y déjelas enfriar sobre la rejilla.

CUBILETE

Rendimiento: 20 cubiletes — Preparación: 50 min — Reposo: 45 min — Cocción: 20 min
Material: moldes para mantecadas, rodillo, 1 cortador para galletas circular de 10 cm de diámetro, rejilla, brocha

Relleno

300 g de queso crema

150 g de azúcar

150 g de huevos

40 g de mantequilla

5 ml de extracto de vainilla

30 g de fécula de maíz

50 g de crema

Masa

200 g de mantequilla cortada en cubos, a temperatura ambiente

100 g de manteca vegetal cortada en cubos

225 g de azúcar glass cernida

60 g de yemas

5 ml de extracto de vainilla

la ralladura de 1 limón

670 g de harina de trigo

Terminado

c/s de glaseado de chabacano, caliente (ver pág. 171)

Relleno

1. Licue todos los ingredientes hasta obtener una mezcla tersa y homogénea. Reserve.

Masa

1. Suavice con una espátula la mantequilla con la manteca vegetal en un tazón o en la batidora eléctrica usando el aditamento de pala. Agregue el azúcar glass y bata hasta obtener una preparación tersa y esponjosa.

2. Añada las yemas una por una, sin dejar de batir, el extracto de vainilla y la ralladura del limón. Agregue la harina de trigo y mezcle hasta obtener una masa homogénea, sin trabajarla demasiado. Envuélvala en plástico adherente y refrigérela durante 30 minutos.

Terminado

1. Engrase el molde para mantecadas con manteca vegetal. Precaliente el horno a 170 °C.

(Continúa en la pág. 172)

EMPANADA DE PIÑA

Rendimiento: 40 empanadas de piña — **Preparación:** 50 min — **Reposo:** 40 min — **Cocción:** 45 min
Material: rodillo, brocha, charolas para hornear cubiertas con papel siliconado, rejilla

Masa

1 kg de harina de trigo

5 g de sal

500 g de manteca vegetal cortada en cubos pequeños

340 ml de cerveza clara

Terminado

1 receta de relleno de piña (ver pág. 171)

c/s de agua

c/s de brillo de huevo (ver pág. 170)

300 g de azúcar mezclada con 20 g de canela molida

Masa

1. Cierna sobre un tazón la harina de trigo con la sal. Agregue los cubos de manteca vegetal e incorpórelos a la harina usando las yemas de los dedos, hasta obtener una consistencia arenosa. (Ver foto 1 de Bisquet, pág. 140.)

2. Forme un volcán con la preparación anterior, haga un orificio en el centro y vierta dentro la cerveza. Mezcle la cerveza con un poco de la harina del derredor e incorpore el resto gradualmente. Amase hasta obtener una masa homogénea, sin trabajarla demasiado.

3. Envuelva la masa con plástico adherente y refrigérela durante 30 minutos.

Terminado

1. Saque la masa del refrigerador y divídala en porciones de 25 gramos, deles forma de esferas y déjelas reposar durante 10 minutos.

(Continúa en la pág. 173)

ESPEJO

Rendimiento: 25 espejos — **Preparación:** 50 min — **Reposo:** 35 min — **Cocción:** 15 min
Material: rodillo, 1 cortador para galletas circular de 10 cm de diámetro, charolas para hornear cubiertas con papel siliconado, rejilla

Masa

600 g de mantequilla cortada
en cubos, a temperatura
ambiente

300 g de azúcar glass cernida

900 g de harina de trigo

5 g de sal

5 ml de extracto de vainilla

60 g de yemas

Terminado

300 g de chocolate obscuro
derretido

Masa

1. Suavice con una espátula la mantequilla en un tazón o en la batidora eléctrica usando el aditamento de pala. Agregue el azúcar glass y bata hasta obtener una preparación tersa y esponjosa.

2. Forme con la harina de trigo un volcán sobre una mesa de trabajo, haga un orificio en el centro y coloque dentro la mantequilla acremada. Añada la sal, el extracto de vainilla y las yemas; mezcle hasta obtener una preparación homogénea con una consistencia ligeramente espesa. (Foto 1.)

3. Incorpore poco a poco la harina del derredor usando las yemas de los dedos, hasta obtener una consistencia arenosa. Trabaje la masa hasta obtener una masa homogénea y suave; cúbrala con plástico adherente y refrigérela durante 20 minutos como mínimo. (Foto 2.)

Terminado

1. Precaliente el horno a 180 °C.

2. Espolvoree un poco más de harina en la mesa y extienda la masa con el rodillo hasta que tenga un grosor de ½ centímetro. Obtenga discos con el cortador para galletas y colóquelos en las charolas. (Foto 3.)

3. Hornee las galletas durante 15 minutos o hasta que la base se dore. Retírelas del horno y déjelas enfriar sobre la rejilla. Cubra los espejos con el chocolate oscuro derretido y déjelo endurecer a temperatura ambiente.

> Puede sustituir el chocolate
> derretido por la misma cantidad
> de glaseado blanco (ver pág. 170).

GALLETA CON GRAGEAS

Rendimiento: 30 galletas con grageas — **Preparación:** 40 min — **Reposo:** 30 min — **Cocción:** 20 min

Material: rodillo, 1 cortador para galletas circular de 12 cm de diámetro, brocha, charolas para hornear cubiertas con papel siliconado, rejilla

Masa

350 g de margarina cortada en cubos pequeños, a temperatura ambiente

150 g de mantequilla cortada en cubos pequeños, a temperatura ambiente

380 g de azúcar

200 g de huevos

1 kg de harina de trigo

15 g de polvo para hornear

2 g de sal

Terminado

c/s de brillo de huevo (ver pág. 170)

300 g de grageas de colores

Masa

1. Suavice con una espátula la margarina y la mantequilla en un tazón o en la batidora eléctrica usando el aditamento de pala. Agregue el azúcar y bata hasta obtener una preparación tersa y esponjosa.

2. Agregue los huevos, batiendo uno por uno hasta incorporarlos antes de añadir el siguiente; mezcle hasta obtener una preparación homogénea con una consistencia ligeramente espesa.

3. Cierna la harina de trigo con el polvo para hornear y la sal e incorpórelos a la preparación anterior hasta obtener una masa homogénea, sin trabajarla demasiado.

4. Cubra la masa con plástico adherente y déjela reposar durante 30 minutos en refrigeración.

Terminado

1. Precaliente el horno a 180 °C.

2. Enharine ligeramente una mesa de trabajo y extienda en ella la masa con el rodillo hasta que tenga un grosor de 1 centímetro. Obtenga discos con el cortador para galletas, barnícelos con un poco de brillo de huevo y cúbralos con las grageas de colores.

3. Coloque los discos en las charolas y hornéelos durante 20 minutos o hasta que la base de las galletas se dore. Retírelas del horno y déjelas enfriar sobre la rejilla.

GENDARME

Rendimiento: 25 gendarmes — **Preparación:** 50 min — **Cocción:** 15 min
Material: charolas para hornear cubiertas con papel siliconado, rejilla

1 kg de harina de trigo

20 g de polvo para hornear

400 g de manteca vegetal cortada en cubos pequeños

50 g de manteca de cerdo

200 g de huevos

5 g de sal

400 g de azúcar + c/s para espolvorear

5 ml de extracto de vainilla

c/s de brillo de huevo (ver pág. 170)

1. Cierna la harina de trigo con el polvo para hornear sobre la mesa. Forme un volcán con ella, haga un orificio en el centro y coloque dentro la manteca vegetal, la manteca de cerdo, los huevos, la sal, el azúcar y el extracto de vainilla. Incorpore poco a poco la harina con el resto de los ingredientes y amase hasta obtener una masa homogénea que se despegue de la mesa.

2. Divida la masa en porciones de 80 gramos y deles forma de esferas. Enharine la mesa y ruede cada esfera con la palma de la mano, presionándolas ligeramente, para formar cilindros de 15 centímetros de largo aproximadamente; adelgace un poco las puntas. (Foto 1.)

3. Precaliente el horno a 180 °C.

4. Coloque los cilindros de masa sobre las charolas y presione cada uno con los 3 dedos medios de la mano. Sumerja un tenedor en el brillo de huevo y marque con él la superficie de las figuras de masa; espolvoréelas con un poco de azúcar. (Fotos 2 y 3.)

5. Hornee los gendarmes durante 15 minutos o hasta que tengan un color amarillo brillante. Sáquelos del horno y déjelos enfriar sobre la rejilla.

GORDITA DE LA VILLA

Rendimiento: 40 gorditas — **Preparación:** 20 min — **Cocción:** 25 min
Material: comal, 20 cuadros de papel de China de colores de 15 cm por lado

Masa

250 g de harina de maíz

5 g de polvo para hornear

1 pizca de bicarbonato

200 g de azúcar

50 g de manteca de cerdo

100 ml de leche

80 g de yemas

Masa

1. Cierna sobre una mesa de trabajo la harina de maíz con el polvo para hornear, el bicarbonato y el azúcar. Forme un volcán, haga un orificio en el centro y coloque dentro la manteca de cerdo. Vierta un poco de leche y comience a mezclar los ingredientes.

2. Continúe mezclando, incorporando el resto de la leche y las yemas gradualmente.

3. Continúe amasando durante 10 minutos. Envuelva la masa en plástico adherente y déjela reposar 10 minutos.

Terminado

1. Divida la masa en porciones de 16 gramos y deles forma de esferas. Aplástelas con las manos para obtener discos delgados.

(Continúa en la pág. 173)

HOJARASCA

Rendimiento: 50 hojarascas — **Preparación:** 45 min — **Reposo:** 30 min — **Cocción:** 12 min
Material: rodillo, charolas para hornear cubiertas con papel siliconado, rejilla

1 kg de harina de trigo

5 g de polvo para hornear

240 g de azúcar

150 g de manteca de cerdo

140 ml de cerveza clara

100 g de azúcar mezclada
con 15 g de canela molida

1. Cierna sobre una mesa de trabajo la harina de trigo con el polvo para hornear y el azúcar. Forme un volcán, haga un orificio en el centro y coloque dentro la manteca de cerdo. Vierta un poco de cerveza y comience a mezclar los ingredientes.

2. Continúe mezclando, incorporando el resto de la cerveza gradualmente. Amase hasta obtener una masa homogénea y con poco cuerpo. Colóquela en un tazón, cúbrala con plástico adherente y refrigérela durante 30 minutos.

3. Enharine ligeramente la mesa, coloque encima la masa y forme con ella esferas de 3 centímetros de diámetro. Ruédelas sobre la mesa con las manos para darles forma de cilindros de 6 centímetros de largo aproximadamente. Estírelas con el rodillo a lo largo y colóquelas sobre las charolas.

4. Precaliente el horno a 180 °C.

5. Espolvoree un poco de la mezcla de azúcar y canela sobre las hojarascas y hornéelas durante 12 minutos o hasta que se doren ligeramente. Sáquelas del horno, revuélquelas en la mezcla de azúcar y canela restante y déjelas enfriar sobre la rejilla.

LADRILLO

Rendimiento: 20 ladrillos — **Preparación:** 40 min — **Reposo:** 15 min — **Cocción:** 25 min
Material: rodillo, charolas para hornear cubiertas con papel siliconado, brocha, rejilla

Masa

480 ml de agua

200 g de piloncillo

5 g de semillas de anís molidas

1 kg de harina de trigo

25 g de polvo para hornear

250 g de manteca vegetal cortada en cubos pequeños

5 g de bicarbonato

Terminado

40 g de yemas batidas

200 g de chocolate obscuro derretido, tibio

Masa

1. Hierva la mitad del agua en una cacerola junto con piloncillo y las semillas de anís molidas hasta obtener un jarabe espeso. Retírelo del fuego y déjelo enfriar.

2. Forme con la harina de trigo y el polvo para hornear un volcán sobre una mesa de trabajo. Agregue los cubos de manteca vegetal y mézclelos con la harina usando las yemas de los dedos; añada el bicarbonato y continúe mezclando los ingredientes hasta obtener una consistencia arenosa. (Ver foto 1 de Bisquet, pág. 140.)

3. Incorpore gradualmente el jarabe de piloncillo y anís, mezclando bien hasta obtener una masa; agregue poco a poco el resto del agua trabajando la masa hasta que esté homogénea, manejable y suave, sin trabajarla demasiado. (Es probable que no necesite utilizar toda el agua.)

Terminado

1. Precaliente el horno a 185 °C.

2. Enharine ligeramente la mesa de trabajo y extienda la masa con el rodillo hasta obtener un rectángulo de 1.5 centímetros de grosor. Córtelo en rectángulos de 8 × 12 centímetros y colóquelos en las charolas.

3. Barnice los rectángulos con las yemas batidas y déjelos reposar durante 5 minutos. Forme un diseño de zigzag en la superficie de cada rectángulo con un tenedor.

4. Hornee los ladrillos durante 15 minutos o hasta que estén ligeramente dorados. Sáquelos del horno, déjelos enfriar sobre la rejilla y decórelos al gusto con el chocolate obscuro derretido.

MARRANITO DE PILONCILLO

Rendimiento: 30 marranitos — **Preparación:** 40 min — **Reposo:** 1 h — **Cocción:** 20 min

Material: rodillo, 1 cortador en forma de marranito de 15 cm de largo, charolas para hornear cubiertas con papel siliconado, brocha, rejilla

120 ml de agua	700 g de harina de trigo	250 g de mantequilla cortada en cubos, fría
300 g de piloncillo		
5 g de semillas de anís	180 g de azúcar glass	100 g de huevos
1 raja de canela de 10 cm	5 g de polvo para hornear	c/s de brillo de huevo (ver pág. 170)

1. Hierva el agua en una cacerola junto con el piloncillo, las semillas de anís y la raja de canela hasta obtener un jarabe espeso. Retírelo del fuego, déjelo enfriar y retire la raja de canela.

2. Cierna sobre un tazón la harina de trigo, el azúcar glass y el polvo para hornear. Incorpore la mantequilla con las yemas de los dedos hasta obtener una consistencia arenosa; agregue el jarabe de piloncillo y los huevos, y mezcle con las manos hasta obtener una masa homogénea.

3. Cubra la masa con plástico adherente y refrigérela durante 30 minutos.

4. Enharine ligeramente una mesa de trabajo y extienda en ella la masa con el rodillo hasta que obtenga un grosor de 1 centímetro. Forme los marranitos con el cortador, colóquelos sobre las charolas y barnícelos con brillo de huevo. Precaliente el horno a 180 °C.

5. Hornee los marranitos durante 10 minutos o hasta que se doren. Retírelos del horno y déjelos enfriar sobre la rejilla.

PIEDRA

Rendimiento: 18 piedras — **Preparación:** 35 min — **Reposo:** 15 min — **Cocción:** 28 min
Material: charolas para hornear cubiertas con papel siliconado, rejilla

Masa
375 ml de agua
175 g de piloncillo
5 g de semillas de anís molidas
1 kg de harina de trigo

15 g de polvo para hornear
250 g manteca vegetal cortada en cubos pequeños
5 g de bicarbonato

Terminado
c/s de azúcar glass
200 g de chocolate obscuro derretido, tibio

1. Elabore la masa siguiendo el procedimiento de la masa del ladrillo (ver pág. 154).

2. Precaliente el horno a 200 °C.

3. Enharine ligeramente una mesa de trabajo y forme en ella un rollo con la masa. Divídalo en 15 partes iguales y deles forma de esferas irregulares.

4. Coloque las esferas de masa en las charolas y hornéelas durante 18 minutos o hasta que se doren. Saque las piedras del horno y déjelas enfriar sobre la rejilla.

5. Espolvoree la mitad de las piedras con azúcar glass; bañe el resto con el chocolate obscuro derretido y déjelo endurecer.

POLVORÓN DE NARANJA

Rendimiento: 40 polvorones de naranja — **Preparación:** 40 min — **Reposo:** 20 min — **Cocción:** 12 min
Material: rodillo, charolas para hornear cubiertas con papel siliconado, rejilla

Masa
400 g de manteca vegetal cortada en cubos pequeños
100 g de manteca de cerdo
500 g de azúcar

200 g de huevos
1 kg de harina de trigo
3 g de sal
10 g de polvo para hornear

la ralladura de 1 naranja
2 gotas de colorante amarillo

Terminado
c/s de azúcar

Masa

1. Suavice con una espátula ambas mantecas en un tazón o en la batidora eléctrica usando el aditamento de pala. Agregue el azúcar y bata hasta obtener una preparación tersa y esponjosa.

2. Agregue los huevos, batiendo uno por uno hasta incorporarlos antes de añadir el siguiente; mezcle hasta obtener una preparación homogénea con una consistencia ligeramente espesa.

3. Añada gradualmente la harina de trigo, la sal, el polvo para hornear y la ralladura de la naranja, batiendo hasta

obtener una masa suave y tersa. Agregue las gotas de colorante amarillo y amase hasta obtener un color uniforme. Cubra la masa con plástico adherente y déjela reposar durante 20 minutos en refrigeración.

Terminado

1. Precaliente el horno a 180 °C.

2. Enharine ligeramente una mesa de trabajo, coloque encima la masa y forme con ella un cilindro de 4 centímetros de diámetro. Córtelo en porciones de 4 centímetros de largo y deles forma de esfera. Colóquelas sobre las

(Continúa en la pág. 173)

POLVORÓN TRICOLOR

Rendimiento: 50 polvorones — **Preparación:** 40 min — **Reposo:** 20 min — **Cocción:** 18 min
Material: rodillo, charolas para hornear cubiertas con papel siliconado, rejilla

850 g de manteca vegetal cortada en cubos pequeños

850 g de azúcar glass cernida

1 kg de harina de trigo

c/s de colorante vegetal rosa

c/s de colorante vegetal amarillo

c/s de extracto de vainilla

1. Suavice con una espátula la manteca vegetal en un tazón o en la batidora eléctrica usando el aditamento de pala. Agregue el azúcar glass y bata hasta obtener una preparación tersa y esponjosa. Añada la harina de trigo, sin dejar de batir, hasta formar una masa muy tersa y consistente.

2. Divida la masa en 3 porciones iguales. Mezcle una de las porciones con el colorante vegetal rosa y otra con el colorante vegetal amarillo; amáselas de forma individual hasta obtener un color uniforme. Incorpore el extracto de vainilla a la porción de masa restante.

3. Cubra las masas con plástico adherente y déjelas reposar durante 20 minutos en refrigeración. Precaliente el horno a 170 °C.

4. Enharine ligeramente una mesa de trabajo y forme con cada una de las porciones de masa cilindros de 3 centímetros de diámetro. Una el cilindro color amarillo con el de color blanco y ponga encima el de color rosa; presiónelos ligeramente para obtener un prisma firme. Corte el prisma en rebanadas de 2 centímetros de ancho y colóquelas sobre las charolas. (Fotos 1 y 2.)

5. Hornee los polvorones durante 18 minutos, sin que la masa blanca se dore. Sáquelos del horno y déjelos enfriar sobre la rejilla.

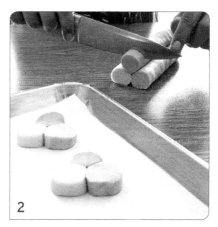

Otras masas y mezclas

Buñuelo de viento 162

Churro 164

Elote 165

Gusano 167

Ojo de buey 168

BUÑUELO DE VIENTO

Rendimiento: 30 buñuelos de viento — **Preparación:** 30 min — **Reposo:** 30 min — **Cocción:** 30 min
Material: 1 cacerola grande poco profunda, 1 molde para buñuelo

Masa

400 g de harina de trigo

3 g de sal

10 g de polvo para hornear

50 g de azúcar

240 ml de leche

150 g de huevos

30 g de mantequilla derretida,
a temperatura ambiente

240 ml de agua

Terminado

c/s de aceite para freír

300 g de azúcar mezclada
con 20 g de canela molida

Masa

1. Mezcle en un tazón la harina de trigo con la sal, el polvo para hornear y el azúcar. Incorpore poco a poco la leche, los huevos, la mantequilla derretida y el agua, batiendo constantemente hasta obtener una mezcla tersa, sin grumos y ligeramente espesa. Déjela reposar durante 30 minutos.

Terminado

1. Caliente a fuego alto el aceite en la cacerola hasta que al dejar caer un poco de la mezcla de buñuelo burbujee abundantemente.

2. Baje el fuego a medio y sumerja el molde para buñuelos en la mezcla para formar una capa delgada, sin que llegue hasta el borde superior. Introdúzcalo en el aceite y fría el buñuelo hasta que esté ligeramente dorado. Repita este paso hasta terminar con toda la mezcla. Escurra los buñuelos en papel absorbente. (Fotos 1 y 2.)

3. Revuelque los buñuelos en el azúcar mezclada con canela mientras aún están calientes.

CHURRO

Rendimiento: 20 churros — **Preparación:** 20 min — **Reposo:** 5 min — **Cocción:** 40 min
Material: 1 manga pastelera con duya rizada, 1 cacerola grande poco profunda

Masa

350 ml de agua

20 ml de aceite

10 g de azúcar

4 g de sal

250 g de harina de trigo

50 g de huevo

Terminado

c/s de aceite para freír

200 g de azúcar mezclada con 5 g de canela molida

Masa

1. Ponga sobre el fuego el agua con el aceite, el azúcar y la sal; deje que hierva y retire del fuego.

2. Cierna la harina de trigo en un tazón, vierta el agua caliente y mezcle con una pala hasta deshacer los grumos. Deje entibiar la masa durante 5 minutos e incorpore el huevo.

Terminado

1. Introduzca la masa en la manga pastelera.

2. Caliente el aceite en la cacerola hasta que al introducir una bolita de masa burbujee abundantemente. Presione la duya para que salga la masa en forma de churro y cuando tenga el tamaño deseado pase un dedo por la base de la duya dejando caer el churro sobre el aceite. (Foto 1.)

3. Fría los churros, dándoles la vuelta ocasionalmente, hasta que estén ligeramente dorados. Retírelos del aceite y déjelos escurrir sobre papel absorbente.

4. Revuelque los churros en el azúcar con canela mientras aún están calientes.

ELOTE

Rendimiento: 25 elotes — **Preparación:** 1 h 15 min   **Reposo:** 1 h 05 min — **Cocción:** 15 min

Material: rodillo, raspa de metal, charolas para hornear con papel siliconado, rejilla

Pasta amarilla

100 g de harina de trigo

100 g de azúcar glass

100 g de manteca vegetal

2 gotas de colorante vegetal amarillo

Masa

1 kg de harina de trigo

15 g de sal

15 g de levadura en polvo

340 ml de agua

160 g de mantequilla cortada en cubos, a temperatura ambiente

220 g de manteca vegetal cortada en cubos

250 g de huevos

Terminado

c/s de manteca vegetal

100 g de azúcar mezclada con 15 g de canela molida

Pasta amarilla

1. Mezcle en un tazón, con las manos, la harina de trigo, el azúcar glass y la manteca vegetal hasta obtener una pasta tersa y sin grumos. Agregue las gotas de colorante amarillo y amase la pasta hasta obtener un color uniforme. Resérvela.

Masa

1. Forme un volcán con la harina de trigo y la sal sobre una mesa de trabajo. Haga un orificio en el centro, coloque dentro la levadura en polvo y mézclela con un poco de agua y de la harina del derredor.

2. Agregue la mantequilla y la manteca vegetal e incorpórelas poco a poco al resto de los ingredientes con las yemas de los dedos. Añada los huevos uno por uno, sin dejar de mezclar, hasta incorporarlos bien. Continúe trabajando la masa hasta que se despegue de la superficie de trabajo y esté lisa y elástica. Forme una esfera con la masa.

(Continúa en la pág. 173)

GUSANO

Rendimiento: 25 gusanos — Preparación: 1 h   Reposo: 1 h 30 min   Cocción: 20 min
Material: rodillo, raspa de metal, charolas para hornear cubiertas con papel siliconado, rejilla

Masa

1 kg de harina de trigo

15 g de sal

140 g de mantequilla a temperatura ambiente

180 g de manteca vegetal

250 g de huevos

40 g de yemas

220 g de azúcar

15 g de levadura en polvo

300 ml de agua

10 g de leche en polvo

50 g de canela molida

Terminado

1 receta de cobertura para conchas color blanco (ver pág. 80)

100 g de azúcar mezclada con 15 g de canela molida

Masa

1. Forme con la harina de trigo y la sal un volcán sobre una mesa de trabajo. Haga un orificio en el centro y coloque dentro la mantequilla, la manteca vegetal, los huevos, las yemas, el azúcar y la levadura en polvo. Agregue un poco de agua y comience a mezclar los ingredientes con las yemas de los dedos.

2. Añada gradualmente el resto del agua, sin dejar de trabajar la masa, hasta que esté homogénea y se despegue de la mesa (es probable que no necesite incorporar toda el agua). Agregue la leche en polvo y la canela molida; continúe amasando hasta obtener una masa elástica.

3. Forme una esfera con la masa, colóquela en un tazón engrasado, cúbralo con plástico adherente y deje fermentar la masa durante 1 hora.

Terminado

1. Enharine la mesa, coloque encima la masa, pónchela y divídala en porciones de 60 gramos. Boléelas y déjelas reposar por 10 minutos.

2. Extienda los bollos de masa con el rodillo para obtener óvalos delgados. Con la ayuda de una raspa marque sobre los óvalos líneas diagonales paralelas y separadas por ½ centímetro. (Ver foto 1 de Elote, pág. 165.)

3. Forme con la cobertura para conchas esferas de 3 centímetros de diámetro y deles forma de cilindros, un poco menos largo que los óvalos de masa. Voltee los óvalos sobre la mesa de trabajo, colóqueles encima los cilindros de cobertura para conchas y enróllelos sobre sí mismos para envolver la cobertura. (Ver foto 2 de Elote, pág. 165.)

4. Coloque los gusanos en las charolas con la unión hacia abajo y déjelos reposar por 20 minutos. Precaliente el horno a 190 °C.

5. Hornee los gusanos durante 20 minutos o hasta que se doren ligeramente. Sáquelos del horno, revuélquelos en el azúcar con canela molida y déjelos enfriar sobre la rejilla.

OJO DE BUEY

Rendimiento: 20 ojos de buey — **Preparación:** 1 h 40 min — **Reposo:** 40 min — **Cocción:** 25 min
Material: rodillo, brocha, charolas para hornear cubiertas con papel siliconado, rejilla

Masa apastelada

1 kg de harina de trigo

10 g de sal

10 g de levadura en polvo

500 ml de agua

200 g de mantequilla cortada en cubos, a temperatura ambiente

300 g de manteca vegetal cortada en cubos

Terminado

c/s de mantequilla derretid, a temperatura ambiente

c/s de azúcar

½ receta de masa de mantecada (ver pág. 34)

Masa apastelada

1. Mezcle en un tazón la harina con la sal, la levadura en polvo y el agua; incorpore estos ingredientes amasando hasta obtener una masa homogénea. Continúe trabajando la masa, agregando gradualmente la mantequilla y la manteca vegetal; amase hasta obtener una masa suave y elástica. Déjela reposar durante 10 minutos.

2. Enharine una mesa de trabajo, coloque en ella la masa, divídala en porciones de 50 gramos, boléelas y déjelas reposar durante 15 minutos. Extienda los bollos de masa con el rodillo hasta obtener discos delgados.

3. Doble un disco por la mitad, enharínelo por ambos lados y extienda la masa con el rodillo. Dóblela nuevamente por la mitad, enharínela y extiéndala. Deje reposar la masa por 10 minutos. (Fotos 1 y 2.)

4. Enharine nuevamente la masa, dóblela nuevamente por la mitad y estírela. Realice otro doblez a lo largo de la masa, enharínela por ambos lados y estírela; dóblela nuevamente a lo largo y estírela para obtener un rectángulo alargado y delgado. Haga lo mismo con el resto de los discos de masa y déjelos reposar durante 10 minutos. (Fotos 3, 4 y 5.)

Terminado

1. Precaliente el horno a 180 °C.

2. Barnice uno de los lados de los rectángulos de masa con la mantequilla derretida y espolvoréelos con azúcar. Una los extremos de cada uno de los rectángulos, dejando el lado con azúcar por fuera y presiónelos ligeramente con el rodillo para formar aros. (Foto 6.)

3. Coloque los aros sobre las charolas y rellene cada uno con la masa de mantecada hasta cubrir ¾ partes de su capacidad. (Foto 7.)

4. Hornee los ojos de buey durante 25 minutos o hasta que la masa de mantecada tenga una consistencia firme y esté dorada. Sáquelos del horno y déjelos enfriar sobre la rejilla.

5

6

7

Subrecetas

Brillo de huevo

Bata 1 huevo con 1 pizca de sal y 1 pizca de azúcar.

> La sal sirve para desnaturalizar la clara y volverla un poco más líquida, lo cual permite que la capa de brillo sobre los panes sea delgada y tersa; el azúcar logra un acabado dorado y brillante en los panes horneados, debido a que se carameliza durante el horneado.

Crema pastelera

1 l de leche

1 vaina de vainilla cortada por la mitad a lo largo

180 g de azúcar

7 yemas

100 g de fécula de maíz

1. Caliente a fuego medio la leche con la vaina de vainilla y la mitad del azúcar.

2. Bata en un tazón las yemas con el azúcar restante hasta que se blanqueen y esponjen. Agregue la fécula de maíz y continúe batiendo hasta que se incorpore. (Foto 1.)

3. Mezcle un poco de la leche caliente con las yemas batidas utilizando un batidor globo; incorpore esta mezcla a la leche caliente y bata continuamente hasta que la preparación espese y cubra el dorso de una cuchara. Retire la preparación del fuego. (Fotos 2 y 3.)

4. Extienda la crema en una charola, cúbrala con plástico adherente y déjela enfriar. Consérvela en refrigeración.

Glaseados

Glaseado real

300 g de azúcar glass

40 g de claras

5 gotas de jugo de limón

Glaseado blanco

200 g de azúcar glass

30 ml de agua

2 gotas de jugo de limón

1. Cierna el azúcar glass sobre un tazón. Agregue la mitad de las claras o del agua y mezcle con un batidor globo hasta obtener una masa blanca y espesa.

2. Agregue las gotas del jugo de limón y mezcle nuevamente. Para verificar la consistencia, tome un poco del glaseado con una cucharita y deje caer una gota sobre el resto del glaseado; ésta deberá incorporarse nuevamente al glaseado en 10 segundos aproximadamente. (Si el glaseado estuviera muy espeso, agregue un poco más de clara; y si resultara demasiado líquido, ajuste la consistencia con un poco más de azúcar glass.)

Glaseado de chabacano

1. Caliente a fuego medio el contenido de 1 frasco de mermelada de chabacano con la misma cantidad de agua. Mueva la mezcla ocasionalmente para disolver la mermelada en el agua; cuando hierva, retire el glaseado del fuego y licúelo. Regrese el glaseado al fuego y déjelo reducir por 5 minutos o hasta que esté ligeramente espeso.

2. Utilice el glaseado de chabacano caliente para que sea más fácil aplicarlo sobre los panes. Conserve el glaseado restante en el frasco de mermelada bien cerrado y en refrigeración.

Masa madre

1. Combine en un tazón la levadura en polvo con la harina de trigo. Agregue el agua y mezcle con la mano o con un tenedor hasta obtener una masa sin grumos. (Fotos 1 y 2.)

2. Deje reposar la masa madre a temperatura ambiente entre 2 y 4 horas, o en refrigeración durante una noche. (Foto 3.)

Relleno de piña

1 piña sin cáscara, cortada en cubos pequeños

200 g de azúcar mascabado

1 vaina de vainilla abierta por la mitad a lo largo

3 gotas de jugo limón

1. Ponga sobre fuego alto un sartén con la piña, el azúcar mascabado y el interior de la vaina de vainilla. Cuando la piña empiece a soltar su jugo, baje el fuego y continúe con la cocción, moviendo la preparación constantemente hasta que el líquido se reduzca, el relleno se haya espesado y se pueda ver el fondo del sartén al rasparlo con una pala. Retire el relleno del fuego, añádale las gotas de jugo de limón y déjelo enfriar.

Continuación de recetas

BORRACHITO (viene de la pág. 70)

4. Introduzca la masa en la manga pastelera y rellene los moldes hasta ¾ partes de su capacidad. Déjelos reposar durante 20 minutos o hasta que la masa crezca un poco.

5. Hornee los panes durante 15 minutos o hasta que la superficie esté ligeramente dorada. Retírelos del horno, déjelos entibiar y desmóldelos.

6. Sumerja los panes en el jarabe, uno por uno, durante 1 minuto; sáquelos y déjelos escurrir sobre la rejilla. Sirva los borrachitos en los capacillos.

PAN DE MUERTO (viene de la pág. 96)

y ruédela hacia abajo y hacia arriba para dividirla en dos pero sin cortarla por completo: obtendrá 2 pequeñas esferas en cada lado. Repita el mismo procedimiento de rodar hacia abajo y hacia arriba, con un dedo encima de cada esfera; el resultado será la forma de un gusano segmentado en 4 partes iguales. Haga lo mismo con las 15 esferas restantes. (Fotos 1 y 2.)

4. Humedezca la brocha con muy poca agua y barnice los bollos grandes de masa. Estire ligeramente uno de los huesos y colóquelo sobre uno de los bollos de masa, cubriéndolo de lado a lado; coloque el segundo hueso de forma perpendicular al primero y ponga otros 2 huesos entrecruzados. Barnice con un poco de agua una de las

esferas de masa pequeñas y colóquela encima del cruce de todos los huesos. Repita este paso con el resto de bollos, huesos y esferas. (Foto 3.)

5. Deje reposar los panes entre 45 y 60 minutos o hasta que dupliquen su volumen. Precaliente el horno a 170 °C.

6. Hornee los panes durante 25 minutos o hasta que se doren. Retírelos del horno y déjelos enfriar sobre la rejilla.

7. Licue el azúcar con la raja de canela hasta obtener un polvo fino. Barnice los panes con la mantequilla derretida y espolvoréelos con la mezcla de azúcar y canela.

PICÓN (viene de la pág. 106)

3. Acreme un poco manteca vegetal con las manos y úntela en toda la superficie de los panes. Amase la cobertura para picón y decore con ella la superficie de los panes, con el diseño de su elección; el más característico es una flor. (Foto 1.)

4. Barnice los panes con el brillo de huevo y déjelos reposar durante 20 minutos. Precaliente el horno a 170 °C.

5. Hornee los picones durante 20 minutos o hasta que la cobertura se dore ligeramente. Sáquelos del horno y déjelos enfriar sobre la rejilla.

CUBILETE (viene de la pág. 145)

2. Enharine ligeramente una mesa de trabajo y extienda en ella la masa con el rodillo hasta que obtenga un grosor de ½ centímetro. Córtela en círculos con el cortador para galletas y forre con ellos cada cavidad de los moldes de

mantecadas; retire el exceso de masa con una raspa de plástico. Deje reposar durante 15 minutos.

3. Vierta el relleno en cada cavidad hasta llenar ¾ partes de su capacidad. Hornee los cubiletes durante 20 minutos o

hasta que la masa esté ligeramente dorada y al insertar un palillo en el centro de los cubiletes éste salga limpio. Sáquelos del horno y déjelos enfriar sobre la rejilla.

4. Desmolde los cubiletes y barnícelos con glaseado de chabacano caliente.

EMPANADA DE PIÑA (viene de la pág. 145)

2. Enharine una mesa de trabajo y extienda en ella las esferas de masa con el rodillo hasta obtener discos muy delgados. Coloque 1 cucharada de relleno de piña en el centro de cada disco, barnice los bordes con un poco de agua y dóblelos por la mitad sobre sí mismos. Presione todo el borde de la empanada con un tenedor, o torciéndolo con los dedos, para sellarlo y evitar que el relleno se salga durante el horneado. Precaliente el horno a 180 °C.

3. Coloque las empanadas en las charolas, barnícelas con brillo de huevo y hornéelas durante 20 minutos o hasta que la base de las empanadas esté bien dorada. Sáquelas del horno, revuélquelas en la mezcla de azúcar y canela y déjelas enfriar sobre la rejilla.

GORDITA DE LA VILLA (viene de la pág. 152)

2. Caliente el comal sobre fuego medio. Coloque algunas gorditas en el comal y cuézalas hasta que se doren y se despeguen fácilmente del comal. Deles la vuelta con una espátula y continúe la cocción hasta que se doren por el lado contrario. Retire las gorditas del comal y déjelas enfriar sobre una rejilla, mientras cuece las gorditas restantes.

3. Envuelva las gorditas en grupos de 5 en los cuadros de papel de China.

POLVORÓN DE NARANJA (viene de la pág. 157)

charolas, separadas por algunos centímetros, y presiónelas ligeramente hacia abajo con la palma de la mano.

3. Hornee los polvorones durante 12 minutos o hasta que las orillas se doren ligeramente. Sáquelos del horno, revuélquelos en azúcar y déjelos enfriar sobre la rejilla.

ELOTE (viene de la pág. 165)

3. Engrase ligeramente un tazón, coloque dentro la masa y cúbrala con plástico adherente. Deje reposar la masa durante 30 minutos.

Terminado

1. Enharine ligeramente la mesa, coloque encima la masa, pónchela y divídala en porciones de 60 gramos. Boléelas, cúbralas con una bolsa de plástico o una manta de cielo y déjelas reposar durante 15 minutos.

2. Presione los bollos de masa con la palma de la mano y aplánelos ligeramente con el rodillo; úntelos con un poco de manteca vegetal.

3. Con la ayuda de la raspa marque sobre la masa líneas diagonales paralelas, separadas por ½ centímetro; después, marque líneas perpendiculares a las primeras para formar un diseño de cuadrícula. (Foto 1.)

4. Divida la pasta amarilla en porciones de 30 gramos y deles forma de cilindros un poco menos largos que los discos de masa. Voltee los discos de masa sobre la mesa de trabajo, colóqueles encima los cilindros de pasta amarilla y enróllelos sobre sí mismos para envolver la pasta. (Foto 2.)

5. Coloque los elotes en las charolas con la unión hacia abajo y déjelos reposar por 20 minutos. Precaliente el horno a 190 °C.

6. Hornee los elotes durante 15 minutos o hasta que se doren ligeramente. Sáquelos del horno, revuélquelos en el azúcar con canela y déjelos enfriar sobre la rejilla.

Glosario

Acremar

Mezclar o batir un ingrediente o una preparación con un alto porcentaje de grasa hasta suavizarla para que adquiera una consistencia cremosa. Acremar mantequilla, margarina o manteca vegetal con azúcar como primer paso en el procedimiento de una masa permite, por un lado, que el azúcar se disuelva y posteriormente se mezcle de manera uniforme con el resto de los ingredientes de la masa, y por otro lado, facilita que la grasa se incorpore al resto de los ingredientes.

Amasar

Mezclar con movimientos constantes una masa o pasta utilizando las manos o una batidora eléctrica. El primer paso del amasado consiste en combinar los ingredientes hasta obtener una masa homogénea y tersa; posteriormente, la masa se continúa trabajando con la finalidad de distribuir uniformemente todos los ingredientes en la masa y desarrollar el gluten. (Ver pág. 13.)

Bolear

Modelar una masa en forma de esfera con la finalidad de crear una delgada capa superficial capaz de retener los gases generados durante la fermentación final de una pieza de pan. (Ver págs. 14 y 22.)

Cernir

Pasar un ingrediente seco y molido por un cernidor o un colador de malla fina. Es utilizado para mezclar ingredientes e incorporarles aire, como en el caso de la harina, o para eliminar grumos, como en el polvo para hornear, el azúcar glass o la cocoa.

Empastar

Acción que consiste en incorporar grasa en una masa hojaldrada u hojaldrada fermentada. Esta técnica permite crear las capas de masa y grasa al momento de realizar los dobleces de masa. (Ver pág. 23.)

Fermentación

Transformación bioquímica de los azúcares presentes en la harina bajo la acción de levaduras y enzimas. Durante la fermentación del pan los azúcares se degradan generando bióxido de carbono y alcohol etílico; ésta sucede en dos etapas: la primera fermentación ocurre después del primer amasado y la segunda sucede cuando las piezas de pan ya han sido modeladas. (Ver págs. 13 y 14.)

Gluten

Sustancia gelatinosa compuesta esencialmente de proteínas presentes en algunos cereales. Dichas proteínas son insolubles en agua, pero al entrar en contacto con ella, se adhieren a sus moléculas formando enlaces resistentes y elásticos, mismos que dan estructura y firmeza a los panes horneados.

Granillo de trigo

De la molienda del grano de trigo se obtienen varios subproductos como la harina blanca o refinada, el germen, la semolina, el salvado (cascarilla del grano) y el granillo grueso o delgado. El granillo se obtiene moliendo el salvado de trigo, pero sin llegar a ser una harina; para las recetas de este libro, el salvado de trigo molido puede utilizarse como sustituto del granillo. Se le conoce también como harina de grano, harina de granillo o cema.

Incorporar o mezclar con movimientos envolventes

Mezclar delicadamente una preparación con una espátula plástica flexible, comenzando por las orillas y cubriendo o envolviendo la preparación sobre sí misma hasta que se homogenice. Tiene el objetivo de conservar la mayor cantidad de aire dentro de la mezcla.

Leudar o levar

Permitir que una masa, por el efecto de la fermentación, aumente su volumen. El tiempo de leudado depende del tipo de masa, de la temperatura a la cual fermente y del resultado deseado. (Ver págs. 13 y 14.)

Levadura

Hongo microscópico unicelular que en ausencia de oxígeno provoca la fermentación alcohólica de masas harinosas. (Ver págs. 17 y 18.)

Malta

Cebada germinada, desecada y tostada, utilizada como fuente de azúcares para la fermentación de ciertos alimentos y bebidas.

Masa madre o esponja

Mezcla de levadura, harina y agua que se deja fermentar para después ser utilizada como agente leudante de una masa.

Masa vieja

Masa fermentada que se utiliza como masa madre para fortificar las levaduras en una masa nueva. Generalmente se trata de restos de masa que no fueron horneados; esta masa se debe mantener en refrigeración para poder utilizarla posteriormente en otras masas.

Papel siliconado y papel horneable

Hojas de papel cuya superficie ha sido tratada con silicón, o con ácido sulfúrico en el caso del papel horneable, que ayuda a que no se peguen los productos. Se puede hornear sin problemas y es muy resistente. En panadería es una gran herramienta para forrar charolas y ayudar a que no se peguen ni se doren por abajo las piezas de pan.

Polvear

Espolvorear con un poco de harina una masa que ha quedado ligeramente húmeda durante el amasado.

Ponchar

Técnica que consiste en liberar el bióxido de carbono contenido dentro de una masa de panadería por medio de una serie de dobleces o golpes con los puños; el aire liberado permite una segunda fermentación de la masa. (Ver págs. 13 y 22.)

Punto de media, ventana o calzón

Momento en el que una masa de panadería ha sido amasada hasta lograr desarrollar su máxima elasticidad. Para verificar si una masa ha llegado a este punto se toma una pequeña porción de masa entre las manos y se estira; si se forma una membrana muy delgada que deja pasar la luz a través de ella sin romperse, la masa habrá llegado al punto de media. En lo llama también punto de calzón, ya que al mantener estirada la masa por cierto tiempo comienza a colgar por el centro, tomando la forma de un calzón.

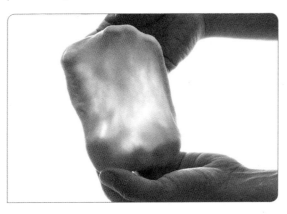

Punto de turrón

Término aplicado a claras de huevo batidas que han triplicado su volumen inicial. Para rectificar el punto, introduzca un batidor globo en las claras batidas; al levantarlo se deberán formar picos muy firmes.

Revolcar

Introducir una pieza de pan recién salida del horno en un tazón o recipiente con algún ingrediente en grandes cantidades para cubrirla completamente con dicho ingrediente; una vez cubierto, el pan se saca del tazón y se le dan ligeros golpes para retirar el exceso de cobertura. En panadería, los ingredientes más utilizados para revolcar son azúcar, azúcar con canela, azúcar glass y grageas.

Sablage

El término sablage se origina de la palabra sable que en francés significa arena. En panadería y repostería se utiliza la técnica de sablage para mezclar un ingrediente graso con harina; consiste en frotar con las yemas de los dedos cubos de mantequilla fríos contra la harina para obtener una masa con una consistencia similar a la arena.

Índice de recetas

Acambarita, 66

Banderilla, 47

Beso, 26

Bigote, 128

Bisquet, 140

Bolillo, 69

Bolita de queso, 48

Borrachito, 70

Brillo de huevo, 170

Broca, 48

Buñuelo de viento, 162

Calvo, 71

Campechana, 50

Cartera, 131

Cemita, 73

Chilindrina, 74

Chino, 29

Chorreada, 77

Churro, 164

Cocol de anís, 78

Colchón de naranja, 79

Concha, 80

Conde, 52

Cono de crema, 53

Coyota, 143

Crema pastelera, 170

Cubilete, 145

Cuernito, 132

Dona, 83

Elote, 165

Empanada de piña, 145

Encuerado, 30

Espejo, 146

Galleta con grageas, 149

Garibaldi, 33

Gendarme, 150

Glaseados, 170

Gordita de la Villa, 152

Gordita de nata, 84

Gusano, 167

Hojarasca, 152

Ladrillo, 154

Lima, 86

Mantecada, 34

Marina, 132

Marquesote, 37

Marranito de piloncillo, 155

Masa de bizcocho, 64

Masa de danés, 126

Masa hojaldre, 44

Masa madre, 171

Moño o corbata, 135

Novia, 89

Nube, 90

Ojo de buey, 168

Oreja, 54

Paloma, 57

Pambazo, 90

Pan de elote, 38

Pan de feria, 92

Pan de manteca o estirado, 95

Pan de muerto, 96

Pan de piloncillo y nuez, 99

Pan de pulque, 100

Pan de yema, 103

Pan de Zacatlán, 104

Pan español, 104

Panqué de nata, 39

Peine, 58

Picón, 106

Piedra, 157

Piojosa, 107

Pollo, 109

Polvorón de naranja, 157

Polvorón tricolor, 159

Rebanada, 110

Rebanada de chocolate, 40

Rehilete, 136

Relleno de piña, 171

Rol de canela, 113

Rosca de Reyes, 114

Rosquilla de canela, 117

Telera, 118

Trenza de dona glaseada, 120

Trenza de hojaldre, 61

Volcán, 123

Este libro se terminó de imprimir y encuadernar en el mes de enero de 2023,
en los talleres de Corporación en Servicios Integrales de Asesoría Profesional S.A. de C.V.,
con domicilio en Calle E No. 6, Parque Industrial Puebla 2000, C.P. 72225, Puebla, Pue.